中国近代新闻学名著系列丛书

芮必峰 ◎ 主编

新闻学大纲

—— 伍超 ◎ 著 ——

中国传媒大学出版社

· 北 京 ·

出版说明

本丛书整理再版了近代在中国用中文出版的经典新闻学著作，所涉及的图书既有专著、教材，也有译著，全面涵盖了新闻学理论、新闻业务、新闻史等领域，成书年份前后跨越40年。在这40年间，中国的新闻学科从无到有、从借鉴到创新，成就巨大。对这些著作的再次出版，为研究中国近代新闻学提供了珍贵的史料，绘制了中国近代新闻学的全景，度量了中国近代新闻学的厚度，填补了该领域空白，也为纪念中国新闻学诞生100周年献上了一份厚礼。

我们请中国人民大学新闻学院教授、博士生导师，广西大学新闻传播学院院长，教育部社会科学委员会委员兼新闻传播学科召集人郑保卫，及中国传媒大学传播研究院院长、教授、博士生导师，中央实施马克思主义理论研究和建设工程新闻学首席专家雷跃捷对本丛书的内容进行了审定，并根据专家的意见进行了修改。在此对两位专家所付出的辛勤劳动表示衷心感谢。

由于历史原因，本丛书中的个别图书存在一些问题，为保存历史原貌，为研究者提供一手的参考资料，影印时均基本保持其原貌，未作大的删改，希望读者结合当时的历史条件和历史环境，对其中的观点进行批判性借鉴。原书中存在一些错别字、漏字和排版错误，我们在影印时均未做改动，敬请读者注意。

由于原书出版年代久远，本丛书中的许多书籍难觅其踪，存世数量稀少，版权状况极其复杂。为了保证本丛书的学术性和完整性，我们将具有价值的图书先行选入其中，进行了抢救性发掘，力图保存中国新闻史珍贵的历史资料。版权所有人若有异议，请及时与我们联系。

为更好地体现中国近代新闻学的发展脉络，本丛书特别收录了欧美学者休曼的《实用新闻学》、斯蒂德的《新闻学的理论与实际》；日本学者松本君平的《新闻学》、后藤武男的《新闻纸研究》、杉村广太郎的《新闻概论》。当年这些书的出版对中国近代新闻学具有一定的借鉴意义。

本丛书为影印制作，成书清晰度由原书决定，由于出版年代久远，受当时生产力水平及制作方法限制，难免会存在一些缺陷，敬请读者谅解。

中国传媒大学出版社

总　序

如果从1903年商务印书馆编译出版日本人松本君平的《新闻学》算起，中国的新闻学已有115年历史①。如果从1918年北大新闻研究会建立，徐宝璜开办新闻学讲座算起，中国新闻学教育和研究迄今正好100年历史。我们搜集整理了清末至民国期间一些有代表性的新闻学书籍，希望借此重现早期中国近代新闻学的本来面貌，反映我国新闻学发展的历史脉络，我们认为，这对中国新闻学术、教育史研究以及中国近现代思想史研究都是很有意义的。

从1903年到1949年9月的40多年间，我国公开出版和内部印行的新闻学书籍，包括专著、教材、论文集、资料汇编、参考工具书等，约468种之多。②它们集中反映了我国新闻学的历史发展轨迹。然而，由于多种原因，这些书籍除了几本曾被重印出版外，大多已经是"只闻其名、难觅其踪"，这对我国新闻学研究不能不说是一个遗憾。

本丛书在梳理1903—1949年间出版的有代表性的新闻学书籍的基础上，精选了50部著作，校订注释，编纂再版，也算对这一遗憾的弥补。

从我们挑选的这50部新闻学书籍来看，中国早期新闻学的发展有三个鲜明的特点：

一、中国早期新闻学的发展与中国社会发展，尤其与国家民族利益息息相关

40多年间，中国新闻学从近乎空白到勃然而兴，这与中国社会的动荡、变

---

① 黄天鹏回顾新闻运动时说："有清光绪二十八年，商务印书馆刊行《新闻学》一书，为我国人知有新闻学之始，原书为日人松本君平所著……"资料来源：黄天鹏．新闻运动之回顾［A］．黄天鹏．新闻学名论集［C］．上海：上海联合书店，1929．

② 林德海，等．中国新闻学书目大全1903—1987［M］．北京：新华出版社，1989．

革休戚相关。西方新闻学是现代化的产物，最早形成于19世纪末20世纪初。1901年，“新闻学”一词首见于中文报章①，但直到民国前夕，国人对于“新闻有学乎”尚存疑，认为报社就是新闻人才的“养成所”。至1912年上海报业俱进会以“吾国报业之不发达……其最大原因，则为无专门之人才”②为由，号召组织报业学堂，培养报业专门人才。不难看出，此时新闻界亦将新闻学视为办报之“技”。至1918年邵飘萍为徐宝璜《新闻学》作序仍“窃叹我国新闻界人才之寥落，良由无人以新闻为一学科而研究之者”③。黄天鹏把1903年至1918年新闻学研究会建立之前的十余年视为中国新闻学的启蒙期。④

1918年，随着以启蒙为目标的新文化运动愈演愈烈，新思潮涌入国门，“新学”“西学”站在旧传统的对立面被学界关注，新闻学思想也不例外。作为公学之首和新文化运动中心的北京大学率先开办新闻学研究会，力证了“新闻学”存在的正当性；徐宝璜《新闻学》一书问世，成为中国新闻学理论的奠基之作。新闻学教育兴起，新闻学研究著作渐盛，待到北伐前夕，中国新闻学从学理上和实践上俱已建立起来。

新文化运动后期，马克思主义传入中国，资本主义文明逐渐“祛魅”。之后的大萧条使得西方国家的痼疾暴露无遗，曾经“理想之彼方”的西方报业也难以幸免。在这一时代背景下，如何建立“吾国之报业”成为新闻学研究的热点，围绕这一热点，一方面，关于中外新闻理论、新闻事业、新闻业务的著作日益涌现；另一方面，军阀对于激进言论的暴力摧残，又引发了新闻人对于言论自由的论争。20世纪20年代的中国新闻学呈现百家争鸣之势。

“在这言论自由纷争之际，也有若干论调，认为新闻纸不过是一种政治宣传的工具，在新闻学方面也唱过所谓社会主义的新闻理论，不过这种论调没有完成，当头的国难已把这种理论粉碎。”⑤“九一八”事变后，面对空前的民族危机，“国家至上、民族至上”成为国论，报业成为勾连与动员社会的渠道和网络，

---

① 梁启超．本馆第一百册祝辞并论报馆之责任及本馆之经历［J］．清议报，1901（100）：1–8.

② 戈公振．中国报学史［M］．上海：上海书店，1989：278.

③ 徐宝璜．新闻学［M］．长春：时代文艺出版社，2009：7.

④ 黄天鹏．四十年来中国新闻学之演进［M］//龙伟，任羽中，王晓安，何林，吴浩．民国新闻教育史料选辑．北京：北京大学出版社，2010：149.（以下征引本书时，一律简注为《民国新闻教育史料选辑》。）黄天鹏在此文中提出他对于1903年到战事结束的40余年间中国新闻学发展阶段的划分，原载《中国新闻学会年刊》第1期，1942年9月。

⑤ 黄天鹏．四十年来中国新闻学之演进［M］//民国新闻教育史料选辑．北京：北京大学出版社，2010：161.

致力于推动“舆论统一”。直到全面抗战中期之前，以战争宣传动员为主要研究目标的“战时新闻学”都是新闻学研究的热点。

1943—1949年中华人民共和国成立前夕，随着战争形势的转变，抗日战争已现胜利的曙光，中国新闻学人开始构想新闻业的未来。萨空了①于1943年开始着手书写《科学的新闻学概论》，旨在提醒新闻人应“鉴于美英的前车”②，避免报纸“为大财阀资本家所独占”③，“积极地设法使报纸成为大多数民众自己的相互报道消息、提供意见的工具”④。

二、中国新闻学是“西学东渐”的产物，中国早期新闻学人大多具备西学背景

“西学东渐”的内在精神是中体西用。在“用”的招牌下，西学大量涌入。中国新闻学直接引自日本和美国。首先，中国最早的新闻学译著分别为1903年商务印书馆编辑出版的松本君平的《新闻学》和1913年美国记者休曼著、史青编译的《实用新闻学》。前者成为中国新闻学的开端，而后者作为美国第一本新闻教育著作，“提供采访编辑各种实际问题的解决方案”⑤，也奠定了中国新闻人对于新闻教育之作用的基本构想。

早期中国新闻学人大多具备留美留日的求学背景。徐宝璜曾于美国密歇根大学修习经济学与新闻学，其《新闻学》（1919）的参考文献包括在美国出版的图书23种、在英国出版的图书7种，印证了时任北大校长蔡元培所言，“新闻学之取资，以美为最便矣”⑥。任白涛求学日本早稻田大学政治经济学系时，加入了《朝日新闻》名记者杉村楚人冠等筹建的“大日本新闻学会”⑦，《应用新闻学》

① 萨空了（1907—1988）四川成都人，蒙古族，笔名了了、艾秋飚，记者、主编、新闻学家。1927年任《北京晚报》《世界日报》编辑记者、《世界画报》总编辑。曾任教民国学院新闻系、北京新闻专科学校。1935年任上海《立报》副刊主编、总编辑兼经理。中华人民共和国成立后任中央人民政府新闻总署副署长兼新闻摄影局局长、出版总署副署长、全国政协副秘书长兼《人民政协报》总编辑等职。负责主编《中国大百科全书·新闻出版》卷，著有《科学的新闻学概论》《科学的艺术概论》《宣传心理研究》等。

② 萨空了. 科学的新闻学概论［M］. 香港：文化供应社，1946：36.

③ 萨空了. 科学的新闻学概论［M］. 香港：文化供应社，1946：36.

④ 萨空了. 科学的新闻学概论［M］. 香港：文化供应社，1946：36.

⑤ 黄天鹏. 四十年来中国新闻学之演进［M］//龙伟，任羽中，王晓安，何林，吴浩. 民国新闻教育史料选辑，北京：北京大学出版社，2010：157.

⑥ 邓绍根. 中国新闻学的筚路蓝缕：北京大学新闻学研究会［M］. 北京：清华大学出版社，2015：228.

⑦ 1915年《朝日新闻》的杉村楚人冠等在庆应义塾大学创办“新闻研究会”并讲授课程，后根据该讲义出版了《最近新闻纸学》（1918）。其时，杉村楚人冠还兼任“大日本新闻学会”的筹建者与学会新闻讲座讲师。

（1922）正是仿照杉村楚人冠《最近新闻纸学》一书体例所做。[①]邵飘萍的《实际应用新闻学》（1923）亦参考了《最近新闻纸学》。[②]杉村楚人冠深受美、德新闻思想熏陶，美、日、德的新闻思想因故才传到中国。

事实上，正是留美、留日学生群体的新闻学著述构建起了中国早期新闻学的基本框架。仅本丛书所涉国内著（编）者30人中，剔除资料不详者3人，有留学经历者共计15人。其中留美5人：徐宝璜、伍超、赵敏恒[③]、戈公振[④]、曹用先[⑤]；留日8人：吴定九[⑥]、邵飘萍、黄天鹏、任白涛、张友渔[⑦]、谢六逸、袁殊[⑧]、王文萱[⑨]；

① 周光明．近代新闻史论稿［M］．北京：社会科学文献出版社，2014：276.

② 方晓红．中国新闻简史［M］．南京：南京师范大学出版社，1996：122.

③ 赵敏恒（1904—1961），记者、新闻学教授。早年就读于清华大学，1923年起先后于美国科罗拉多大学文学院、密苏里大学新闻学院、哥伦比亚大学新闻学院攻读英国文学和新闻学，并获新闻学硕士学位。1925年起在纽约环球通讯社当编辑。1927年回国，在国民政府外交部情报处短暂工作后加入路透社。1945年10月任《新闻报》总编，兼任复旦大学新闻学教授。

④ 留学两个及两个以上国家的，按其留学的第一个国家计。

⑤ 曹用先，女，宁波人，天津南开大学社会科毕业。1926年与未婚夫查良鉴自南开大学毕业后，同赴密歇根大学留学，1930年在该校安娜堡完婚。硕士毕业后回国，曾就职于上海商务印书馆编辑所并任教于大夏大学，1949年与查赴台，1951年4月病逝于台湾。

⑥ 吴定九（1890—1930），名鼎，字定九，嘉定人。著名报人，《京报》元勋之一，著有《新闻事业经营法》。公派赴日本名古屋学习土木工程时，与在东京政法学校读书的邵飘萍成为密友。1923年9月，私立北京平民大学设立报学系，时任京报社经理的吴定九担任教授并讲授专业课程“新闻经营法”。

⑦ 张友渔（1898—1992），原名张象鼎，字友彝，又名张忧虞，山西灵石人。法学家、政治学家、新闻学家。先后求学于山西第一师范学校，国立北平法政大学法律系。1927年任《国民晚报》社长兼总编辑。同年加入中国共产党，任中共北平市委委员兼秘书长。1930年赴日留学。“九一八”事变后回国任《世界日报》主笔及燕京大学、中国大学、民国大学、中法大学、北平大学法商学院教授，讲授宪法学、劳动法学、新闻学和日本问题。1943年起在重庆任中共南方局文委秘书长、《新华日报》社论委员会委员、中共重庆工作委员会候补委员兼政策研究室副主任、《新华日报》代总编辑等职。

⑧ 袁殊（1911—1987），中共谍报人员、记者、新闻学者。早年赴日攻读新闻学、东洋史。曾创办上海自修大学并设新闻专科。1931年3月创办的《文艺新闻》，最早揭露了左联五烈士被害的消息。1932年任新声通讯社记者，经潘汉年引介加入共产党。1942年卧底敌伪报纸《新中国报》，1945年10月转移到苏北解放区；1949年调入中央情报部门。著《记者道》《学校新闻讲话》《新闻大王赫斯特》等书；译《新闻法制论》等。

⑨ 王文萱，曾留学日本，1930年5月翻译杉村广太郎的《新闻概论》。1942年国立社会教育学院新闻系成立，王文萱在该系教授新闻业务课程。1947年年初，李宗仁授意萧一山在北平创办《经世日报》作为喉舌，任命王文萱、蓝文澄两位教授为主笔。

旅欧2人为胡愈之和储玉坤[①]（详情见表）。这些涉足新闻学研究的归国留学生兼容并蓄，汲取美、日、德等国新闻理论和马克思主义新闻思想的精华，进行本土化改良，亦从侧面反映出中国新闻学的理论来源。

三、中国早期新闻学人往往兼新闻实践、新闻教育、新闻研究于一身

1918年，北京大学新闻学研究会成立，徐宝璜负责讲授新闻学知识。他结合自身从业经验，参考欧美新闻学书目，形成课程讲义；再结合讲课心得，不断完善新闻学理论。1919年，国人自撰的第一本新闻学专著《新闻学》最终成书。徐在自序中细陈写书修书之过程："新闻学乃近世青年学问之一种，尚在发育时期。余对于斯学，虽曾稍事涉猎，然并无系统之研究。客岁蔡校长设立新闻学研究会，命余主任其事，并兼任导师。余乃于暑假中，正式加以研究，就所得著《新闻学大意》一篇，以为开会后讲演之用。……开会后，余继续研究，加以会员之质疑问难，时有心得，遂将原稿加以修改，成第二次之稿……"[②]显然，"曾稍事涉猎"指其曾经担任《晨报》主笔的工作经历。早期中国新闻学人兼具从业经验和新闻学教学经验者多会总结实践经验、丰富新闻理论、著书立说、传道授业，这种情况并不鲜见。

从早期新闻学著作的作者（编者）身份来看：本丛书涉及国内著（编）者30人，除李公凡、刘元钊和鲁风三人身份不详，仅蒋国珍[③]、项士元[④]二人没有明确的新闻从业经验。而在这25人中，更有20人兼具从业经历与从教经历。新闻学人大多具有新闻从业经历，学术研究、传承活动与新闻实践密不可分（详

---

① 储玉坤，1912年生，江苏宜兴人，笔名雨君、储华。1937年中央政治学校大学部新闻学及国际政治专业毕业。1938年1月任《文汇报》编辑兼社论撰述者；1938年5月担任《文汇报》法国哈瓦斯分社编辑；抗战胜利后，任《文汇报》总主笔。1946年5月转任《申报》主笔和法国新闻社远东分社中文部主任，兼任中国新闻专科学校教务长和沪江大学新闻系教授。著有《现代新闻学概论》《第二次世界大战史》《美国经济》。

② 邓绍根，中国新闻学的筚路蓝缕［M］. 北京：清华大学出版社，2015：244.

③ 蒋国珍出生于1896年，江苏溧阳人，做过学生运动领袖、国民党党员、教育工作者、政府职员、银行经理。曾加入上海学生运动，代表上海全国各界联合会、全国学生联合会、上海各界联合会、学生联合会四团体发声。虞文俊认为其传世的《中国新闻发达史》翻译自日本人伊藤武雄的《中国新闻发达史》，即蒋国珍应为此书的译者而非著者。

④ 项士元（1887—1959），佛教居士、学者。原名元勋，号慈圆，又号石槎。浙江临海人，通日、英、德、梵、俄文，一生佛学著作等身。25岁毕业于杭州府中学堂，后办私立小学和赤城初级师范，兼任各校教师；捐资并赠书创办了临海图书馆。项士元长期辗转江浙等地从事教育、新闻和史志方面的研究工作。中华人民共和国成立后主持台州文管会，任浙江省文史馆馆员。所著《浙江新闻史》是中国最早的新闻史之一。

见表1[①])。

从新闻学著作本身来看，许多民国新闻学书籍正是新闻实践和新闻教育的直接产物：国人自撰的第一部新闻采访学专著——《实际应用新闻学》根据邵飘萍在北京大学新闻学研究会和平民大学新闻系的讲稿所著，《新闻学总论》一书则根据邵氏国立政法大学的新闻学讲义整理而成；周孝庵[②]根据自己在复旦大学的新闻学讲义编著了《最新实验新闻学》；郭步陶[③]的《本国新闻事业》是上海市私立申报新闻函授学校讲义之十一；而《新闻学的基础知识》本就是中美日报读讯会[④]为新闻学自修者所出版的教材《实用新闻学讲义》之一；储玉坤的《现代新闻学概论》则是专门为大学新闻理论教科书而编写的（详见表2）。

正是由于早期新闻学人兼新闻实践、新闻教育、新闻研究于一身，才能为理论教学与著述提供最鲜活的案例，促使新闻实践经验迅速融入新闻学理论研究。这是近代中国新闻学迅速发展的重要因素，对于当今的新闻学研究、新闻学教育工作也有重要启示。

本丛书编委会邀请相关领域资深专家进行研讨，认真甄选了书目，仔细进行了版本比较和甄别，从而保证了本丛书较高的学术权威性。

由于历史的局限，民国新闻学书籍的不足是明显的，如学术理论不成熟、部分话语和话题打上了深深的时代烙印等；又因书中涉及的新闻稿件写作于特定历史环境和历史年代，其表达方式不严谨亦不可避免。盖所选书目皆是历史文献，我们在审校中尽量保持其历史原貌，不做大的删改；对极个别对马克思

① 李秀云. 留学生与中国新闻学［M］. 天津：南开大学出版社，2009：239-251. 本书中李秀云整理了民国期间从事新闻学研究的留学生44人，并分析其留学国别构成、专业构成、新闻实践经历、从教经历等。

② 周孝庵（1900—1973），佛教学者、律师、报人。松江府人。毕业于江苏省立第一商业学校。历任上海时事新报馆记者、编辑、主编，著《最新实验新闻学》。1928年秋被复旦大学聘为新闻学教授。曾于上海法政大学获法学学士学位，1930年兼律师。1932年主编上海《新闻报》"法律质疑"栏目、编著了《法律质疑汇编》。上海沦陷后，曾氏关闭了律师事务所，潜心佛学研究。

③ 郭步陶（1879—1962），原名成爽，后改名惜，字步陶。四川隆昌人。名记者、新闻研究者。1911—1917年任《申报》编辑，1917年任《新闻报》编辑主任、主笔。1930年任教于复旦大学新闻系。上海沦陷后赴香港，任职于《申报》（香港）、《星岛日报》；1939年创建中国新闻学院（香港）并任院长。抗战胜利后回沪任教于复旦大学、新中国学院。

④《中美日报》是"孤岛"时期的国民党报纸，为躲避日伪新闻检查，在美商罗斯福出版公司招牌下运作，副刊有《集纳》《堡垒》等。1938年11月创刊，1941年12月停刊，1945年8月复刊，次年4月终刊。总编先后为杨勋民、查修、詹文浒，总主笔周宪文，执笔者有储玉坤、章丹枫等。胡道静曾任英文编辑。报社读讯会为自修新闻学的读者出版了《实用新闻学讲义》，共计10种，对编辑术、采访术、评论作法、新闻写作、新闻学史、剪报工作等都有专篇论述。

主义、共产党等的不适当叙述已进行了删除处理。

本丛书规模较大，从策划项目、搜集资料、校订编纂到审稿成书，历时两年有余。这50本书可能并非本本经典，其中有些内容亦有重复、雷同之处，但瑕不掩瑜，它们对于研究中国新闻学功不可没，作为新闻史资料极具研究价值。感谢中国传媒大学出版社和安徽大学新闻传播学院诸位老师的辛勤付出，也希望读者在本丛书中能读出更丰富的内容，获得启发并更深入地思考。

丛书主编　芮必峰

2018年5月7日

附表：

表1　著者受教育、从业、从教及著述情况列表

序号	姓名	是否留学及留学国家	从业经历	从教经历	著作
1	徐宝璜	美国密歇根大学，经济学、新闻学	北京《晨报》主笔	北京大学新闻学研究会、北京平民大学新闻系	《新闻学》《新闻事业》
2	戈公振	1927年赴美国、日本考察新闻事业	首创《图画时报》、"上海新闻记者联合会"会长、《申报》总管理处设计处主任兼《申报星期画刊》主编	上海南方大学新闻系、上海国民大学新闻系、复旦大学新闻系、上海沪江大学商学院、上海民治新闻学院	《新闻学撮要》《中国报学史》《新闻学》
3	邵飘萍	东京政法学校	《汉民日报》主编、《时事新报》《申报》《时报》主笔、创办"北京新闻编译社"、《京报》社长	北京大学新闻学研究会、北京平民大学新闻系、国立法政大学	《实际应用新闻学》《新闻学总论》
4	吴定九	日本名古屋工业专门学校土木工程	主持《京报》	北京平民大学新闻系、国立法政大学	《新闻事业经营法》
5	谢六逸	日本早稻田大学东洋文学史	《立报》文艺副刊《言林》主编、《国民周刊》《趣味》周刊主编	复旦大学新闻系、申报新闻函授学校、国立社会教育学院新闻系、暨南大学新闻系、大夏大学新闻系	《实用新闻学》《国外新闻事业》《新闻储藏研究》
6	黄天鹏	日本早稻田大学新闻系硕士	在北平创刊《新闻学刊》并担任主编	复旦大学新闻系、上海沪江大学商学院新闻学科	《新闻文学概论》《中国新闻事业》《新闻学入门》《新闻学概要》
7	赵敏恒	美国科罗拉多大学文学院、密苏里大学新闻学院、哥伦比亚大学新闻学院攻读英国文学和新闻学，并获新闻学硕士学位	纽约环球通讯社编辑，后加入路透社。"九一八"事变后为美国国际新闻社、伦敦《每日电讯报》《朝日新闻》等供稿。1945年10月任《新闻报》总编辑	复旦大学新闻系、中央政治学校新闻系、暨南大学新闻系	《外人在华的新闻事业》

续表

序号	姓名	是否留学及留学国家	从业经历	从教经历	著作
8	周孝庵	无	历任上海时事新报馆记者、编辑、主编；主编《上海新闻报》“法律质疑”栏目	复旦大学新闻系、新闻大学函授科	《最新实验新闻学》
9	张友渔	1930年、1932年、1935年多次赴日学习新闻学、考察日本新闻事业	《世界日报》编辑、《大同晚报》总编辑、《国民晚报》社长、《泰晤士报》总编辑、《新华日报》社论委员	燕京大学新闻系、北平民国学院新闻系	《新闻之理论与现象》《日本新闻发达史》
10	袁殊	日本新闻专科学校、早稻田大学历史系	创办《文艺新闻》《译报》、新声通讯社记者	上海自修大学新闻专科	《记者道》《学校新闻讲话》《新闻大王赫斯特》《新闻法制论》（译）
11	胡愈之	1928年法国巴黎大学攻读国际法	《东方杂志》编辑、创办《公理日报》、哈瓦斯通讯社远东分社中文部编辑主任、主编新加坡《南洋商报》		《胡愈之出版文集》
12	储玉坤	留法	《新闻报》编辑、《文汇报》编辑、法国哈瓦斯通讯社中国分社编辑、《文汇报》总主笔、《申报》主笔、法国新闻社远东分社中文部主任	中国新闻专科学校、沪江大学新闻系、之江大学新闻系、致用大学新闻学系	《现代新闻学概论》
13	任白涛	日本早稻田大学政治经济学	创办中国新闻学社、《新湖北日报》总编辑		《应用新闻学》《综合新闻学》
14	曹用先	美国密歇根大学①	上海商务印书馆编辑所②	大夏大学③	《新闻学》

① 毛彦文. 往事［M］. 北京：商务印书馆，2012：28.
② 雪林. 一段值得介绍的婚姻（红藏·生活·第四卷第三十八期）［M］. 湘潭：湘潭大学出版社，2014：435–437.
③ 毛彦文. 往事［M］. 北京：商务印书馆，2012：28.

续表

序号	姓名	是否留学及留学国家	从业经历	从教经历	著作
15	王文萱	留日[①]	《经世日报》[②]	国立社会教育学院新闻系[③]	《新闻概论》（译）
16	伍超	留美“攻读新闻科”[④]			《新闻学大纲》
17	郭步陶	无	《申报》编辑、《新闻报》编辑主任兼主笔、《申报》（香港）、《星岛日报》编辑	复旦大学新闻系、《申报》新闻函授学校、中国新闻学院（香港）、新中国学院	《本国新闻事业》
18	任毕明[⑤]	无	《民国日报》《时报》《快报》主笔、《大众日报》总编辑	香港中华新闻学院	《战时新闻学》《评论学十讲》
19	赵君豪[⑥]	无	《申报》副总编辑	上海商学院新闻专修科、复旦大学新闻系、上海法政学院新闻专修科	《中国近代之报业》《上海报人的奋斗》

① 杉村广太郎．新闻概论・黄序［M］．王文萱，译．上海：联合书店，1930.

② 冯国定．忆萧一山先生［M］//中国人民政治协商会议北京市委员会文史资料研究委员会文史资料选编（第43辑），北京：北京出版社，1992：104.

③ 苏州大学社会教育学院．峥嵘岁月（第三集）［M］．北京、上海、南京、苏州校会．1991：229.

④ 伍超．新闻学大纲・自序［M］．上海：商务印书馆，1925.

⑤ 任毕明，原名任大任，生于1904年，广东鹤山人。1925年在广西梧州创办《民国日报》，曾任《时报》《快报》主笔，主持过香港的《大众日报》。参与创办香港中华新闻学院，并任教。著作有《龙虎集》《风云集》《社会大学》《新社会大学》《战时新闻学》和《评论学十讲》等。

⑥ 赵君豪（1900—？）江苏兴化人。报人。“五四时期”求学于上海交通大学，经常给著名的《民国日报》副刊《觉悟》投稿，并与时任《觉悟》编辑的邵力子讨论种种社会改造问题。毕业后进入《申报》馆工作，抗战后任《申报》副总编辑。1929、1942年两度兼任复旦大学新闻系编辑教授；1930年兼任上海法政学院新闻专修科教授，讲授采访学；曾任《申报》新闻函授学校教授。1944年10月在重庆出版《上海报人的奋斗》。

续表

序号	姓名	是否留学及留学国家	从业经历	从教经历	著作
20	杜绍文[①]	无	杭州《民国日报》国际版编辑、《东南日报》《前线日报》主笔兼《新闻战线》周刊主编、《东南日报》总编辑、《文汇报》办公室主任	复旦大学新闻系	《新闻政策》《中国报人之路》《战时报学讲话》《国际新闻纵横谈》
21	胡道静[②]	无	《万有文库》编辑、上海通志馆编修、《通报》《中美日报》《大晚报》等报记者、编辑、撰稿人	上海法政学院新闻专修科	《上海新闻事业之史的发展》
22	张静庐	无	创办上海杂志公司并出任总经理		《中国的新闻记者与新闻纸》《中国近代出版史料》《中国现代出版史料》《中国出版史料》《在出版界二十年》
23	萨空了	无	《北京晚报》编辑记者、《世界日报》画刊编辑、《世界画报》总编辑、天津《大公报》艺术半月刊主编	民国学院新闻系、北京新闻专科学校	《科学的新闻学概论》

① 杜绍文（1909—？），又名杜超彬，广东澄海人。1927年入复旦大学中文学新闻组学习，1931年留校助教。后任杭州《民国日报》国际版编辑、资料室主任、浙江《东南日报》主笔。抗战期间主编浙江战时新闻学会会刊《战时记者》月刊，《国民日报》总编辑、社长；抗战胜利后任上海《前线日报》主笔兼《新闻战线》周刊主编。1946年至1951年间任复旦大学新闻系教授，1952年任上海《文汇报》记者、编委办公室主任。著有《新闻政策》《中国报人之路》《战时报学讲话》《国际新闻纵横谈》。

② 胡道静（1913—2003），安徽泾县人。1931年毕业于上海持志大学国语系。曾参加《万有文库》编辑和上海通志馆编修工作。“孤岛”时期坚守上海新闻界抗日宣传工作，任《通报》《中美日报》《大晚报》《密勒氏评论报》记者、编辑、撰稿人，同时在上海法政学院新闻专修科讲授新闻史课程，为共产党的抗日宣传培养新闻干部。1949年后历任中华书局上海编辑所编辑、上海人民出版社编审等。

续表

序号	姓名	是否留学及留学国家	从业经历	从教经历	著作
24	管照微[①]		复旦大学校刊编辑、1931 年兼任上海新闻社记者	兰州大学经济系	编《新闻学论集》
25	项士元				
26	蒋国珍	疑为《中国新闻发达史》的译者而非著者[②]			
28	李公凡	不详			
27	鲁风	不详			
28	刘元钊	不详			

① 管照微，高中就读于上海立达学园，曾与王济深、刘仲达、唐旭之等先后组织了“时潮社”和“立达剧团”。后进入复旦大学新闻系学习，与伍梦窗、林楚君、向浦、徐之津等加入了复旦大学“左联”，并负责复旦大学的校刊编辑工作。1933年12月21日因宣传左翼思想被捕，后任教于兰州大学经济系。

② 虞文俊是东亚中国新闻史研究第一人。《中国新闻发达史》译者蒋国珍初考 [J]. 新闻界，2015 (15).

表2　书目

序号	年份	书名	作者	备注
1	1903	新闻学	〔日〕松本君平 著	
2	1913	实用新闻学	〔美〕休曼著 史青译	
3	1919.12	新闻学	徐宝璜[①] 著	北京大学 新闻研究会讲稿
4	1922.11	应用新闻学	任白涛[②] 著	
5	1923.8	实际应用新闻学	邵振青 著	北京平民大学、 国立法政大学讲义
6	1924.4	新闻事业	徐宝璜 胡愈之 著	
7	1924.6	新闻学总论	邵飘萍 著	
8	1925.1	新闻学大纲	伍超 著	
9	1925.2	新闻学撮要	戈公振[③] 编	
10	1927.9	中国新闻发达史	蒋国珍 著	
11	1927.11	中国报学史	戈公振 著	
12	1928.9	中国的新闻纸	张静庐 著	
13	1928.11	最新实验新闻学（上）	周孝庵 著	复旦大学新闻系
14	1928.11	最新实验新闻学（下）	周孝庵 著	复旦大学新闻系
15	1930.4	新闻事业经营法	吴定九 著	
16	1930.5	新闻概论	〔日〕杉村广太郎 著 王文萱 译	

① 徐宝璜，中国新闻学者、新闻教育家。1912年毕业于北京大学，后公费留美，于密歇根大学攻读经济学、新闻学。徐宝璜在美国密苏里大学受过系统的新闻学教育。

② 任白涛，笔名冷公、一碧，河南南阳人。1911年辛亥革命后，先后担任上海《民立报》《神州日报》《新闻报》驻河南特约通讯员，参加当地反袁活动。1916年留学日本，在早稻田大学攻读政治经济学，并加入了大日本新闻学会。

③ 戈公振所著的《中国报学史》最早由上海商务印书馆出版，是研究新闻学和我国新闻事业发展史的开山之作，国内外新闻界将之誉为中国首部新闻史学权威著作。任教上海国民大学期间，戈公振开始着手《中国报学史》一书的写作。在从事新闻工作之余，戈公振致力于新闻教育事业和新闻学研究工作，曾在上海国民大学、南方大学、大夏大学、复旦大学等校新闻系和杭州暑假报学讲习所讲授新闻学方面的课程，在新闻学研究上留下了许多著述。

续表

序号	年份	书名	作者	备注
17	1930.8	中国新闻事业（上）	黄天鹏[①] 著	
18	1930.8	中国新闻事业（下）	黄天鹏 著	
19	1930.8	新闻纸研究	〔日〕后藤武男 著 俞康德 译述	
20	1930.9	浙江新闻史（上）	项士元 编	
21	1930.9	浙江新闻史（下）	项士元 编	
22	1932.7	学校新闻讲话	袁殊 著	
23	1932.8	外人在华的新闻事业	赵敏恒 著	
24	1933.4	新闻学入门	黄天鹏 著	
25	1933.10	新闻学论集	管照微 编	复旦新闻学会丛书
26	1935	实用新闻学（上）	谢六逸[②] 编	申报新闻函授学校讲义之三
27	1935	实用新闻学（下）	谢六逸 编	申报新闻函授学校讲义之三
28	1934.1	新闻学	曹用先	
29	1934.2	新闻学概要	黄天鹏 编	复旦大学讲义、上海沪江大学新闻学专修科
30	1935	上海新闻事业之史的发展	胡道静 著	
31	1936.5	新闻学讲话	刘元钊 编著	

① 黄天鹏，字天鹏，别号天庐。1927年1月，他创办了我国首个新闻学刊（1929年扩改为《报学月刊》）并任主编；他是我国新闻学术史上最早研究新闻学之产生及发展史的学者，是我国具有新闻学术史观的第一人。他于1923年就读于北京平民大学报学系，1929年留学日本,修业新研究所,旋入早稻田大学新闻系。归国后出版了《新闻文学概论》《中国新闻事业》《新闻学入门》《新闻学概要》等十余本新闻学专著。

② 谢六逸，中国现代新闻教育事业的奠基者之一。著名的作家、翻译家、教授。1917年以公费生身份赴日就读于早稻田大学。1922年毕业归国，入商务印书馆工作。后历任神州女校教务主任及暨南大学、复旦大学、大夏大学教授。1930年任复旦大学中文系主任，并创设了后来闻名海内外的复旦大学新闻系，任主任。

续表

序号	年份	书名	作者	备注
32	1936	本国新闻事业	郭步陶 编著	申报新闻函授学校讲义十一
33	1936.6	新闻之理论与现象	张友渔 著	
34	1936.11	记者道	袁殊 著	
35	1937.7	现代新闻学概论	储玉坤 著	国民党政府唯一指定大学新闻理论教科书
36	1938.7	战时新闻学	任毕明 著	
37	1938.9	中国近代之报业（上）	赵君豪 著	
38	1938.9	中国近代之报业（下）	赵君豪 著	
39	1938.10	基础新闻学	李公凡 著	
40	1939.7	中国报人之路	杜绍文 著	
41	1940.4	新闻学	戈公振 著	1932 年完稿，另有 1947 年版
42	1941	新闻学的基础知识（上）	中美日报读讯会 编	中美日报读讯会实用新闻学讲义
43	1941	新闻学的基础知识（下）	中美日报读讯会 编	中美日报读讯会实用新闻学讲义
44	1941.7	综合新闻学 1	任白涛 著	
45	1941.7	综合新闻学 2	任白涛 著	
46	1941.7	综合新闻学 3	任白涛 著	
47	1944.9	新闻学	鲁风 著	新中国自修学院约稿
48	1946.6	科学的新闻学概论	萨空了 著	另有 1945.3 出版的署名艾秋飚的版本
49	1946.11	新闻史上的新时代	胡道静 著	
50	1947.12	新闻学的理论与实际	〔英〕斯蒂德 著 王季深 吴饮冰 译	上海文化函授学校读本

序一

伍君以新著新聞學大綱，囑序於余。序曰：新聞事業非易事也，而爲新聞記者，尤非易事。社會之嫉視，個人之勞苦，罔無論矣。卽事業之難以進行，職務之難以活動，又豈他人所能洞悉哉？今伍君新自美返，以其所學示人，蓋亦有感於我國新聞事業之幼稚，思有以補救之耶？夫新聞記者之在歐美者，所負之職務極重：非惟政治之發動足以導其機；學術之進境足以救其偏；風俗之隳敗足以匡其失；卽社會之改革，人心之糾正，亦惟記者是賴。記者乎！爾亦知職權之重要否耶？

吾國今日，外逼於强權之壓境，內則因奸邪之横行；國事蜩螗，民生塗炭；祗可藉以一嘆呻吟者，舍新聞記者外，更屬諸誰何？是則我國記者之責任，不又較甚於歐美耶！然國人於新聞事業，素皆漠視；對於記者，尤多目之如蛇蝎。此雖國民未具常識之所致，要皆記者之自爲之耳！試觀各地之所謂訪員者，或稱有聞必錄，徒爲風影之談；或竟閉門造車，肆作架空之語。及至真相暴露，則又如風馬牛之不相及。

於此；而欲求新聞記載之有價值，不亦南轅北轍乎？究其原，未明新聞事業之本旨而已！伍君此著，立論本於國情，舉例由於實踐。直接裨益於新聞事業，間接有造於國家社會，亦可謂應時勢之需要者矣！

民國十二年十一月孫文

序二

言新聞事業，在歐美早已有很長的歷史，日本也有二三十年了。吾國現在，連萌芽的時期，還談不到。遍觀國內各大學，有關於新聞學之設備否？上海我不甚熟悉；即以北京而論：大學中有新聞科者，祇清華學校平民大學等三四而已。然或係初辦，設備未全。即或係成立較久者，因社會上，並不甚十分注意，而學校方面，亦不以全力繫之，祇不過多設一科名而已！於實際上，仍無若何之關切。因此；幾無特殊成績之可言。新聞事業範圍若是之大，職務若是之重要，竟會無人顧問，可謂奇矣！再講到報紙，即以北京上海廣州而論：一爲吾國之首都；一爲東亞之大商埠；一爲比較上民意之發强地；然總計其素稱營業最廣，內容豐富，立言正確者，亦不過十數而已。且其中最稱資能雄厚之上海申報，新聞報，尙不能似日本東京之朝日新聞大阪之每日報聞擁有强烈之民意。言論之幼稚，真是獨步全球了！言之可嘆！亦復可憐！此雖國民教育尙未曾及的緣故，但國人無深遠之眼光，亦是其中之一大原因。直至今日，凡國內許多緊要之消息，皆不得不借重於含侵略性之外國通信社，以傳遞之。若此欲求事實之真真言論，奚可得乎？但是；現在北京，總算有一個華人自辦之通信社了，就是邵飄萍君所組織之新聞編譯社。不過；總覺得沒有相當的人才，所以事業還不能十分發展，我國新聞人才之缺乏，概可想見矣。

至於余之有志於新聞事業也，初不過素性好讀報紙，日必耗一二小時，消磨於閱讀。厥後，不覺心嚮往之，是以課餘之暇，卽常記若干小新聞，投諸余生平所思慕之報社，以求刋登，引以爲樂。蓋此時余已有志於斯業矣。逾冠後，曾與海上一二報館締約任通信職。自此；方置身於新聞事業中矣！此猶十三年前事也。然余當時對於我國之新聞事業，興味雖濃，卽有不滿意之處。故時有另篇短文，散於各報。後因種種關係，隨卽撤去所職。遊美入學，專事攻讀新聞科。有暇時，卽拉雜作稿，私願他日能爲一書。去歲返國後，諸師友卽以印行相勸。然校讀再三，總覺不妥處太多。雖承陳寶琪君筆正不少，心甚感之。惟因稿篇不齊，或係昔時舊作，如：

(1) 訪事員概說（現改爲訪事員，見本書第三章）

(2) 測定新聞價值之標準（見第六章）

均曾刊載於前年學燈上；或零片雜感，又須詳加改正。遷延復遷延，直至今日。蓋每當一次之校閱，必發見若干之錯誤，今雖付印，想謬誤處，定在不少也。讀者諸君！尚祈有以教我！俾得再版時更正。又本書蒙孫中山先生賜序，誌此言謝。

民國十三年二月　伍超自序於廣州

新聞學大綱目次

新聞學大綱

第一章　導言

際此二十世紀學術昌明的時代，人類生活，早已由個獨而趨向到羣衆，簡單而趨向到繁複；互助之聲浪日唱日高，獨霸之主義幾將銷滅，歐戰以來，非但人類的生活如此，卽學術界上的思潮，各民族的觀念，也莫不都捐棄了以前一切的私意，懷疑，陰謀等等，以謀全世界人類普遍的幸福。巴黎會議，日諾瓦會議，華盛頓會議等；雖則不能十分確信這是一個明瞭的證據，但是至少我們不能說他是與柏林會議，站着同等的地位；這是政治上之問題，本書姑置勿論，再講學術上罷。

前次美國米梭里大學新聞學院學長，兼萬國報界大會會長威廉博士（Dr. Walter Williams）在北京大學晚間茶話會的時候，他有段話說：『在學術上講來，世界上沒有什麽所謂階級；就是本我個人經驗所知道的，黑種人和白種人，同具酷愛學術的天性，並且也酷愛任何一種學術；這次到了中國，更使我的見解得着很準確的信仰。』後來他在北京大學公開演講，開頭就說：『學問這一件東西，是沒有國界的；比方我今天所講的話，諸君之中有些明瞭的，有些雖然不能直接了解；但是間接從翻譯的方面，可以知道；我今天雖是在北京大學演講，然而要是我們米梭里大學的學生知道了，一定也是很歡迎的……』（這是根據胡適之君口譯陳小蘭君的筆記）由此可見近代學術界上的思潮，所向的趨勢。

學術界既如此，那末，負擔介紹學術惟一利器之報紙，自然是要爲着人類的需要，應運而生；近且得於各科學術中特占一席，所以報紙的產生，用學者的眼光來說，報紙的使命是構通人類的思想，普遍世界的幸福，調和相互的歧視，亦無不可。以上所論，恐未明晰，茲爲易於讀者了解計，再將新聞事業之確立與新聞事業之特質，分述於左：

1. 新聞事業之確立

考世界上報紙發行之最古者，首先就要算我國。在日本楚人冠所著的那本新聞紙學裏面，他的序言中說：『新聞最古的歷史，是我國周朝以來的官報，又名京報；到了唐朝玄宗開元年間，又有開元雜報；』不過那時的所謂報紙，完全與現在的不同。他是不記民間的情形和社會上的事情，只記官吏與朝廷裏往來的文件，大概略類乎現在我國北京所出的政府公報一樣；所以當時的所謂報紙，與平民毫無關係。不過及後十八世紀末葉，距今一百五十年以前，報紙在歐洲卻已經被具相當的信仰；民間的輿論，也可以由報紙代表而左右一切了。所以當時曾有英吉利政治家巴克氏，在會議場上遙指新聞記者的座席而高呼曰：『他們具有憲法上第四的威權！』因爲英國憲法上所載的，講到執行國家最高政務的三個主體，就是皇家，政府，議會，其餘都不能參與國家大事的議決權；不過巴氏的意思，卻以爲新聞記者在憲法上，雖沒有明定的權限，其實已經取得憲法上的一部份的威力。在君權方盛，議會萬能的英國，報紙居然能博得這樣的定評，也畧可想見當時的一種情形了。

現在在民主思潮澎湃衝激的時候，人民都有相當的言論權；那末報紙在重大威權之上，更是負着重大的使命；我想高唱三權分立學說的民主政治家孟德斯鳩，若然生在今世，決不會僅唱三權分立而已，一定更要授人民的輿論總匯的報紙以監視三權之權，俾使不致隕越。因爲集合數百萬人民的思想言論，自然要比少數君王把持的專制政治，略較進步；卽或偶有錯誤，然比之爲少數人的私意而遺誤者，總可稍勝一籌；况世界愈進步，羣衆的思想也愈被重視，就是以輿論而言，也可以依多數人的思想，爲事件取決的標準。今報紙旣爲羣衆思想言論寄托的總匯，那末民主國家要以民意爲標準者，豈可不以報紙作爲一國政治的前導？故今日報紙威力的雄偉堂皇，殆有非專制君皇的壓力，萬靈宗教的神力，以及披靡金湯的槍礮，綱維乾坤的電氣，所可相提並論。但是民主政治之所以能勝於專制政治者，其實也全仗於健全的輿論；至於如何去造成健全的輿論，這是民主國人民的責任；以輿論而引導國家的政治，這是民主國人民應該有的權利。但是若然沒有報紙去提示，倡導，總匯，試問此所謂健全的輿論，究屬何由可以造成，更何由可以干預國家的政治？所以民主國的必須報紙，是要造成健全的輿論；人民的必須報紙，是要鍛鍊言論；兩者決乎不能缺一的。但是如何纔得鍛鍊言論？那末，就不得要首推爲優秀的新聞記者了。

我國人普通的心理，不是以新聞記者爲可憎可厭，即以爲可疑可畏。——歐美人雖也如此，但比較上好些；——這是由於對着新聞記者地位的誤解，并且不能明瞭他們的職務所致。然在另一方面着想，我們切不可太信任了自己，輕視別人；我想新聞記者地位的不被明白了解，至少當在由於自作自受，不能被人信任的緣故。所以養成優秀的新聞記者，在今日的新聞界中，未始不可以說這是一樁急務。

在美國各大學中，設有新聞科者，有十餘所。其他英德法意亦有相當的新聞記者養成所；即號稱後進的日本，也有三四個大學，已經開辦了新聞科；還有其他許多專門學會的探究，新聞雜誌的討論，日新月異。返覘我國怎樣？關於報紙的詳情，與夫系統的研究，從不曾見過；就是研究此道的書籍，也寥若星晨，所以國內新聞事業的幼穉，言之深堪痛心！卽所謂報紙，亦有爲異邦敵我者作宣傳的機關，而一般自號爲新聞記者，又多被敵我者一再玩弄於股掌之上。我記得英國有一個著名的新聞記者說過：（似乎是格蘭𫝹德氏 Grant Hyde）『許多記者，因為缺乏必要的智識，教育與組織的練習，而致失敗者，未知凡幾。』此等事例，求諸吾國報界，曷可勝述；是故新聞事業之確立在吾國社會中，尤為目今的急務。

2. 新聞事業之特質

新聞事業之特質，可分為四，即：

(A) 公衆的　新聞事業特質的第一所當應述者，可以說：新聞事業是社會上公共機關之一；其他專為營利和名譽者，不過是關於少數人的利害榮辱，與公衆無干；祗有新聞事業，那纔是有關於公衆利害，一言之失，非但報紙易為他人所賤視，即所在地的民衆思想言論，也有同被賤視的可能；所以報紙之主張，必須透明無色，態度則公平不偏，紀事則實言不訛，皆為經營新聞事業者所當遵守的要則。故報紙之權威信用，皆視能否遵守此要則為斷。換句話說，凡能尊重公衆意旨的報紙，其身價自益高大；反之，帶着個人或一部分人的色彩，那末非但事業難得健全的發展，且易為社會所嫌惡。

我國新聞社，每多取法於股份公司的組織，似乎形成一種營利的事業；其實，報社斷不可純仿他種公司的祇以營業爲本能。因爲營利公司所抱的惟一目的，專是謀公司中少數人的利益，以公司事業發展而盈餘爲前提，其他公衆之民意，絕不顧問。但是新聞事業，卻應當絕對以公衆爲本位；蓋新聞社之與公衆，雙方的關係，至爲密切；申言之，新聞事業若然脫離了公衆，言論何由而立？紀事何由而詳？其他社會事業的如何企圖？人民輿論的如何匯集？在在使新聞事業不得不與公衆發生密切的關係。反之，人民苟無報紙，那末，學術的介紹無人，言論的提攜無人，寞寞孤居，彼此的消息不通，公衆事業的如何成立？如何發展？更無一適當的介紹。是以欲測新聞事業之如何成功；即可覘社會利益發展之日，即新聞事業成功之日，亦卽新聞權威發揚之日。

以上所論，新聞事業固以僅博得少數人的歡心爲當戒；然亦不可專務迎合社會上之所好。美國堪撒斯州立大學新聞學教授索露布氏，曾爲了「新聞事業，是否可以專迎合社會的心理」的一個問題，致書於全美的名記者，徵求意見。及後答者紛紛，無一以「迎合社會之所好」爲然。其來函中持論最沈痛，而啓發最激烈者，爲宗教家兼紐約烏特爾克雜誌主筆的阿波特博士。其言略謂：『社會上儘有許多嗜好的人，故有賣酒者，有賣鴉片者，有營敗壞風俗之事業者，以投其所好，而營利焉。苟報紙亦欲專務迎合社會上的所好；那末，不是與投人嗜好以爲營利者，將毋同乎？』他後來又論專務迎合社會嗜好的報紙的結果說：『可以酒肆的主人爲譬喻，無論你將何等可貴的佳釀，供給於社會，社會上決不爲爲他建立紀念碑的。』他立論的奇闢，言理的明晰，無非要說：「眞理不滅，公道自在，好善惡惡，人之恆情。」雖然，社會上健全的分子不多，但最後的勝利，定可預卜。故單純以迎合社會心理爲標準的報紙，必不能得永久的生存。例如從前美國勵行禁酒的時候，在紐約社會上有許多持急烈反對論的，并且幾於全市一致。其他雖亦有許多主張依照政府的命意者；無如爲數不多。那時紐約有一家晚星報（Evening Star），他以爲平時銷數不能十分暢旺，營業因此不能確立，所以想趁此風潮，以圖企發。是以不將政府的眞眞命義，詳細紀載；只知道極力順從多數人民普遍的心理，以聳動他人的耳目，附從衆論、一時雖然營業大進；不過在美政府確定禁酒戒約以後，他就根本失敗，信用被毀；卽前次偶然所得之營業，亦隨之而一落千丈，近且幾不能自持矣；這是很可作爲殷鑑的。所以我們置身於新聞事業者在社會上人民思想混淆的時候，第一就先當自持嚴正將事物之經歷如何，趨勢如何，民意如何，詳加考察之餘，然後加以自我不私的評論，公正觀察的紀事。雖然一時背乎人民意思之常軌，不能與多數人相抗捍，然最後的勝利，必可預卜而待也。

(B) 人類的 世界進化日甚，人類思想的界限也愈擴大。部落時代而進爲國家時代，國家時代而進爲民族時代。今且更推而廣之，凡百事業，與人類能發生直接之關係者，都有謀全世界人類幸福的意想；教育，衞生，宗教，政治等，從前都是以國界爲限，今則無復有矣，這不單是因爲交通的利便，相互交觸的機會多，所堪臻此。乃因人類的生活上，實有互助的必要，事隨境遷，所以從前的報紙，只知謀一國一民的利益者，不得不放棄他細小如豆的目光，而高瞻遠眺，以謀全世界人類的事業。我書至此，猶憶在去年日本大地震的時候，統觀國內各報關於此事之所載，無不用着全副的心力，詳細紀事，婉惜其詞，務使讀者對之，卽能發生極深切的慨歎，絕無幸災樂禍的想像。年來新聞事業的進步，於此亦略可告慰矣。

不過讀者切勿誤會以爲新聞事業，與國界或一民族，可謂無絲毫之關係；這豈是明瞭新聞事業者所當說的話？

就現在世局上實際的觀察：在國家主義與民族主義未曾澈底搗去之前，似乎仍不得不以國界或一民族爲目標。因爲一國人民的生命，財產，權利，名譽，還要視國家地位的昇降爲轉移；說得明白些：就是現在世界上一切的事業，尙不能把全世界人類作爲一個單元，質都是以一個國家或一個民族作標準的；那末人民之所有權，在這種支配之下，自然一切都要以國家或民族而立論了。故今之負邦家責任，及抱社會的志望者，仍不可不藉他國的報紙，作考察的借鏡。是以有所謂：「一幅報紙，偶爾把玩，卽能見其國民之情感志趣，湧現於字行間；」就是爲着這個意思。

然有一事，要特別注意者，卽所謂國家或民族的思域，於今視之，可斷其必不能永久地存在；我想於此後的某時期中，必有遭逢打破的一日；——此非余之過言，在事實上，儘有證明的可能，容後編述之。——苟說此界域，何以今日尚能顯然存在呢？則可說因爲其中還有許多冥頑的政治家，苟延殘喘所致。是以新時代的報紙經營者，在這一層上，應當具着十分的了解，和明晰的觀念，不爲老朽冥頑的政治家所利用，不爲國界或民族意見所範圍；申言之，認定一個國家，或一個民族爲人類的一部份；維護一個國家或一個民族的利益時，同時更須顧全全世界人類的利益。其凡足爲吾們人類利益的障害者，皆當盡責努力以排除之。關於此意，美國康撒斯州(Kausas)州立大學新聞學教授索露布氏說得最爲詳細，今特節譯如下：

『……在現在的世界上，只有二種事業，可以算得是人類的事業：第一，就是兩方戰爭時，參與救傷的紅十字會；第二，就是構通無論何人智識的新聞事業——兩者都是爲人類服務的使者；譬如紅十字會的救傷，決不分出甲國人與乙國人的歧視，一切都是一視同仁；新聞報紙的紀載事實，也決不會分別這是有利於我的，那是有利於他的；——不過前者是限於一時的，後者是繼續的；因此報紙在人類上的使命，尤覺重要。……我們都是人，都是全世界人類的一部分，因此我們努力於人類的工作，並不爲過，只是盡我們的本責而已。新聞事業苟徒以國界民族界，及其他一切的範圍，而不能使他直接響應於全人類者，這豈是提倡新聞事業的本意？……』觀於此，可斷言報紙之得以生存於今日，及發展於將來者，未始非是項所促成之也。

(C) 普遍教育的 測量人民之智識，自然是要以教育之普遍與否爲標準；學校教育，固然是提高智識惟一的路徑，不過也未能稱爲盡然；學校所授者，只是人間智識極微的一部份而已。間或有陳舊太甚，無用於今世，所以總不及新聞紙的日日告我以新事件，供我以新智識，比較上略爲普遍而有用。再者，我人若一日不讀報紙，斯卽一日與社會事情相隔離，間接地說：卽一日遜於時代的進步，文藝上，軍事上，教育上，固毋論矣。而國際間的變遷，新潮流的趨向，苟無報紙的撮要紀載，我人決不能知其所以然，和所以能成就此項事實的由來，這都是學校課本上所不及載的；縱或有之，總不能及報紙日日紀，日日報告之確實；故以教育上立言，報紙實爲廣闊的社會教育機關；其功效的神速，絕非學者的講述，政客的演說，宗教家的勸導，所能屆及。

況且報紙的教育功用，非專恃言論批評而已，就是片片數行的紀事中，也含有多少的智識，可作爲讀者新見聞，新觀察的資料；例如讀國外電報和國外通信，則知世界的情勢變遷；讀政治記事，則知政局的表裏，各黨的起仆；讀商情記事，則知經濟市場的動靜，各項賣買的滯暢；讀市井雜報，則知百業作息的眞象；是以總匯報紙的全部，殆無一非實用學問的種子。近來平民教育的呼聲，日甚一日，一時苟無適當的課本作爲教材，卽可活用報紙以爲講解；如此，非獨文字上得着平民的普遍化，並且還可以夾雜些當時特發事件的理解，擴暢民智；譬如去年日本大地震，繼之以海嘯，火災等，報紙就可利用機會，向學者詳細講解地震原理，火山何由爆裂，有否預防法等；如此，則頓時就可解除平日民間所抱的一切神奇觀，如吾學俗稱有謂「地震係地下鼇魚翻身的震動」云云；再如去年我國江浙一帶，在八月間的謠傳謂在某日以後，天地將有三天大黑暗，此言在智者視之，固屬不值一笑，無如當時一般農夫村婦，纏纏擾擾，幾乎真像大難將至；此時報紙卽可利用機會，用科學的推測，詳解此種謠傳的荒唐，那末無理的謠傳，就不難立刻破除；這都是報紙所應具的特質；卽近年報紙之得以確立者，亦卽爲此。

但報紙旣負有社會教育這樣的重任，所以他一切的評論，紀載，務必以通俗爲主旨；就是說：要促進社會的遷善，也宜漸而不宜急；並且無論何種事業，切不可太過於社會的程度，卽所謂過分；否則，決難成就。

所以世運的進步，決非百步，五十步，一霎時的飛騰；乃步步循序而進也。故製作報紙的妙諦，卽在使社會了解，公衆會意其紀述，祇須較普通人的心理，先進一步，以示進步的方向，然後始能滿足社會的慾望，而盡誘掖指導的責任。

(D) 藝術的　我人肉體上的慰藉，就是物質；精神上慰藉，卻是美感；而美感之何從發生，含藝術外，可以說無處找尋了。報紙上的文字，非僅爲活字的行列，於材料之選擇，記事，標題，紙面之編輯，皆含有多量的藝術在焉。

試取公報與報紙兩相對照，則公報不分問題的輕重，事件的繁簡，祇以依樣畫葫蘆的方法，紀載之，編輯之而已。講到報紙，卽大爲不然，其紀載之方法，能使職務旁午的讀者，一觀標題，卽可判別內容的意義，明悉事件的要領；因爲報紙上，處處皆施以感動讀者驚悟的藝術手段故也。因此，報紙對於社會的情狀，若單爲平面的敍述，則決不能深入題內，將事物的內容組織暗幕，描摹得窮形盡相，以饗讀者之希望，（其有關風化人情者，自屬例外，詳後編。）必須爲立體的觀察而後可。換句話說，事物之來源，不僅爲直線的處理，宜爲曲線的描寫，是卽藝業作用的極致也。

其外，報紙更有一絕大作用，卽潛入人心，陶冶情感是也。本於此種作用，能使吾人的心理奮發和沉默，使吾人的情操，進於純正優美的境域；不過同時亦能蠱惑羣衆，誘起不良的現象：前者基於熱誠的愛羣觀念，及社會的同情；後者爲造孽的妖魔；約言之，報紙實備有創造人類第二天性的能力。但於報紙的形式及精神上，不施何等的藝術，則此能力的運用，斷難獲美滿的效果。

再報紙爲滿足人類共同的興趣起見，故傳播最新的事實；同時尤須注意於最有興趣的地方，將最新，與最有興趣的二原質，含蓄而調和之也；是卽藝術之要點也。至於新聞紀事，因活字的種類，及揭載的場所，其印於讀者的腦蒂中，實有深淺的區別；此藝術手段感化於心情的明證。

3. 結語

對於新聞事業的介紹，我們總算已經得着了許多普遍的議論。由此就可知道：在現在人事煩雜，民意澎漲的時代中，報紙爲各方的需求，不得不負着重任，在人類進化的路上，唱着進行曲走着。或有問曰：社會上苟無報紙，則吾人日常所接觸，所感覺，與夫研究談論，果將呈何種現象？則我卽可應之曰：請君窒其耳，閉其目，卽可知矣。因爲報紙是社會的耳目，社會無報紙，則成爲聾瞶的社會；彼漠視報紙者，何不解聾瞶者的痛苦，而輕蔑自己的耳目？末了，我還有最後一句話，就是：報紙固屬重要，而如何造就優秀的新聞記者，尤較重要。前者是一種事業，後者是一種事業的基礎。譬如：房屋要建得堅固，就不得不在建柱立樑的時候，特別留意。古人所謂：「欲求流之遠，必先濬其源，」這都是同樣的道理；是故本書所述，專爲有志於斯業者的引導，作實際的應用。

第二章　如何構成新聞

報紙之組織，賴乎新聞；而新聞之取得，又胥乎記者之訪錄。至於記者之怎樣訪錄？（詳見第四章）和怎樣的事實，纔能稱爲新聞？這是在新聞學上的根本問題，非具十分的了解不可。

常人都以爲某處出了一樁特殊異常的事情，一經文字的紀載，這所紀載某種事物的文字，統稱爲新聞。那裏知道，我們將於這種文字只能稱他爲記事文，並不是新聞，其間離開新聞的構成法，很遠很遠。因爲記事文，只要將某種事物的平面觀，一說就得了。至於新聞呢，非特將所敍事實的內容構成，組織，盡行披露；并且還要述及其中內幕的一切曲折暗潮等等。總之，凡常人所不能見到的，在新聞上，即可一索就得。構成新聞之所以較難，即在於此。今詳細分述於下：

1. 定義

我們要研究某種學問，必先明瞭他的旨意。歐美人解剖事物的方法，他們有所謂「三W」者，即 What「怎樣」Why「爲怎麼」How「如何入手」。現在我們所講的「定義」就是他們稱爲 What 之一類，居於「三W」之首，其重要也可知矣。是故研究新聞學者，「何謂新聞？」這一個問題，就應當先行着手解決。

在威廉博士所說的新聞記者之信條中，有三則大意是爲表白新聞之定義而言的，茲節譯於下：

(一)新聞須求其真確　所謂真確云者，非僅情節確實之謂也；更須使所記述之事實，閱之即能明此事之真相，及其根源。

(二)新聞應有趣味　新聞果能真確，若文字索然無味，亦不能引起一般人之興味；故能使讀新聞者，愈有興味，則其新聞之紀載，愈有價值。

（三）新聞須真正有益於社會　對於社會上無益之事，即使其情節確實，記載有味，亦當删節之，而不爲記述。

以上所說的，只是他個人的私意，不能據爲盡善。如第三條未免太苛，所以有許多優秀的新聞記者，其識別新聞的能力，純屬天才。因爲新聞非他事可比，不能繩之以一定的範圍，削足適履，在別處或者可以合用，在新聞上，是一決不能的，否則，不是記載失實，就是敘述太呆板，皆不能使所錄者，成爲優秀的新聞。所以在許多名記者之前，苟叩以新聞之定義若何，彼亦祇得將其自身經歷之所及，一述而已，固無對甲事應如何，對乙事應如何之一定規律也。

不過話雖如此，歷來研究新聞學者，他們以爲苟無一定的定義，也應當有若干的範圍，否則太形攏統，於初學者極感不便。所以美國有一雜誌社，曾徵求全美多數記者，關於新聞的意見如次：

(1) 不傷良善之趣味，或於法律上，不至構成誹毁罪，而爲讀者所欲知之事，皆新聞也。

(2) 凡足寄人興味之事，皆新聞也。

(3) 凡入話題之事；皆爲新聞而足以釀成一種議論時，則其價値益形增大。

(4) 新聞者，以種種之發生，發見與議論，及於讀者有興味之事件，正確而又迅速之報告也。

(5) 新聞者，與一般社會福利相關切之事件，又能引動個人興味；對於個人，足以當啓發指導之責任者也。

(6) 新聞者，包括人類興味中所有之活動；而最良之新聞，卽可使最大多數之讀者，感其興味者也。

此外尙有種種，然皆大同小異；美國威士康新大學新聞科教授德列亞氏綜合是等之意見，而下最後之定義曰：

「以適當機敏之方法，寄興味於多數之人者，新聞也。而與最大多數讀者以最大興味者，爲最良之新聞也。」

讀者幸勿誤會，德氏之所謂興味者，並非看那無聊報紙附刊的馬路電，消閒

錄等一般墮落的下等興味；乃與人類之生活，有切己的利害關係之興味也，

2. 新聞之成分

新聞之成分，概括的說：總脫不出「新」「速」「確」三字而已。最簡單者，莫如專電；最複雜者，莫如通信；其間含蓄的成分，都是相同的，此爲稍具新聞常識者，所統知。然或有出入之處，茲分述如左：

「新」 我們顧名思義，就可以看到新聞最要的主格，即是超乎一切要素以上的要素。捨一個「新」字外，其他還有什麼可以同他比擬？若然說此「新」字與新聞的如何構成，是無關係的，那末我國的聊齋誌，三國志上的許多事體，（譬如說他是真的）儘可一一載諸報上，以餉讀者。辛亥革命，洪憲帝制，以及民國九年的五四學潮，不妨再行錄出來以充篇幅。因爲論事實上的價值，舉動後的結果，都可以說是有披露的必要。但是所以不能期以實行者，原來就只爲了缺一個「新」字。即使說披露了；我們在此時，也不能稱他爲新聞，不過是一種舊事重提的記載罷了。與新聞完全是截然兩體，分而不同的。我言至此，我想一定有人問：何謂「新」？何

謂「舊」？這「新」「舊」兩個字，其中有何等的區別？程度上相差又幾何？因爲記者所載的所謂新聞，都是過去的事實，而聊齋誌三國志上所載的，爲何不是新聞呢？所以我現在特別將新聞學上的所謂「新」「舊」問題，詳細地答覆如下：

1. 今日之事爲新；昨日之事爲舊。
2. 昨日之事爲新；前日之事爲舊。
3. 此時之事爲新；前一時之事爲舊。
4. 未被記載之事爲新；已被記載之事爲舊。

因此，今日的報紙，記昨日發生的事；所以不稱某日而稱昨日者，因昨日之意味，能使人覺其比某日爲新耳。又如晚一時以後的新聞，報上每不稱昨晚，而稱今晨者，蓋其比昨晚爲更新的緣故。歸納起來說：就是所謂「新」「舊」云者，是要兩相比較的；單獨不能稱他孰爲新，孰爲舊；例如：奉直戰爭時，上海申報緊要新聞欄內，有記者某君（名已忘卻）在他的通信內記奉直兩方當時的戰情，篇末有『記者作稿至此，尚聞有隱約之槍彈聲，來自……想……』這種記載法的新穎，在新聞學上，實在是很稱名貴的。因為他所記的，都是現情現事，再新也沒有的了。——除非他是說謊話，那是例外的，——其間與讀者所隔開的時間，不過是新聞傳遞的時間，與報社裏刊登的手續時間而已。這真是很能名副其實為新聞了。

不過以上所論，卻不能稱為盡然。因為有時未必一定可以照「新」「舊」與否的標準，判定新聞之有無價值；只要有適當時機的意味，即其事實與時下問題能相關切，縱極陳舊，亦能成優秀之新聞。譬如：有許多事，預料一年或數月以後，照例須發生者，必至發生時，而始記載之；因過早記載，亦有時機不適當之弊，不能引起多數人之注意。此為新聞記者所不可不特別留意者。例如：民國七年，中日軍事協商條約發生時，某通信社記此條件，同時即將日韓條約抄出，兩相對照。夫日韓條約之為物，固黴菌累累者也，相較之下，益增讀者之興味。若夫故事遺聞，更屬新聞之良材。例如：美國哈定總統逝世時，各國報紙每多記載哈定為病歿於職中之第幾任總統。因之將美國已往總統病歿幾人，被刺幾人，終任幾人，重行敘述。此舊事重提，因為得時而復化為新者也，茲擇其最佳者錄於下：

英文大陸報載:『哈定爲美國總統死於任上者之第六人,罹疾而死者第三人。(A)蓋美國總統在任上被刺者三人:卽(一)林肯總統,於一八五六年四月十四日,在富特戲園觀劇時,被一癲狂伶人名卜茲氏用槍擊斃。(二)飛爾總統,於一八八一年七月二日,在華盛頓車站,被查爾古多氏暗殺;是年九月十四日,死於郎安蘭愛路爾城內。(三)麥金利總統,於一九〇一年九月六日,在巴福樓美國博覽會時,被人槍擊兩次,九月十四日殞命。至於罹疾而死者:(一)哈爾遜總統,就職後一個月,患胸統膜炎逝世。(二)泰拉爾總統就職後一年零四個月,因患瘧病而死。(三)卽今之哈定總統,因患肺炎逝世』云。

(按右之事實皆舊歷史也。然因遇着適當的機會,遂有登載之價值。)

(B)華盛頓八月四日電訊:『此次哈定總統出缺;繼其任者,爲副總統柯歷芝氏,爲美國麻塞出色邦人,乃該邦第三總統。該邦第一人入主白宮者,爲約翰亞當氏,係美國第二任總統;第二人爲約翰亞當之子約翰古音斯氏,係美國第六任總統;現在第三人,卽爲柯氏。因該邦自美邦開國以來,共出總統三人云』(以上均錄十二年八月七日京報。

（按右之事實，亦係舊歷史也；然因遇適當之時機，遂有拍發專電之價值，）

於此我們就可窺見，在新聞學上「新」「舊」二字的如何取捨了。

「速」　新聞的記載，與雜誌上的記載不同。就是前者務求迅速，雖簡毋妨；後者務求詳細，絕不記時日的遲誤；此爲兩者之異點，亦可謂兩者性質的大反處。報紙祇求曾而博，雜誌非具詳言專論不可。所以優美的報紙，以常常能供給讀者未曾知道的事訊爲最要。此所謂未曾知道者，乃未經他人之宣傳，而我已先得報告於讀者之謂也。或者同時，同地，同事。他人祇寥寥數語，惟獨我可以道其詳細者。此種迅速的新聞，每能引起多數讀者的興趣。

猶憶去年，日本地震時，上海之申報，新聞報到廣州時，該報派報所的門前，即有許多人擁擠着，莫不以先覩爲快。雖價値高出平時數倍，亦所不惜。此無他，欲覩迅速之新聞故耳。遠隔數千萬里的日本事情，幾可謂與常人無關，不過好奇心的一時衝動，而尚能引起讀者欲觀迅速的新聞，有若是之熱烈，其他與己有切身之關係者，可毋論矣。其最要者，若公債賣買的市價，各項貨物價格之升漲，某貨交易暢旺，某貨來源稀少，此皆商人作爲營業之標準者也。苟一旦記載遲誤，因此失實，則關係於營業盈虧；間接對於商人之利害，其重要爲何如？況商情市況，變化最速；在金融發生恐慌的時候，前一時所錄，與後一時所錄者，相較幾若遠隔數日矣，卽前數分鐘與後數分鐘，亦有若干的差別。是故記者對於此種紀載，當特別注意，否則，非特有損於報紙全體的信用，且於營業上亦能蒙若干的損失；久之，必至營業不能確立而失敗。我國人對於此事，每多漠視，意爲無甚關係。故於稿件缺乏的時候，卽將舊稿改翦，再略加文字上的修飾，異其標題，於是遂卽發排，以充篇幅而塞責。不知讀者對此；非但不能引起興趣，早已令人厭惡。新聞事業的不能發展，豈他人之過哉。

「確」　「有事記事，有言記言，」這是記者的職權。普通所謂「有聞必錄，」那是同樣的意思。就是說：新聞的構成，必需記者的翦拔，然總不能背乎事實之外。否則，縱使所述者，如何新，如何速；但爲烏有之事，亦不過一種謠傳而已，不能稱爲新聞；

此理甚淺而易明，茲不贅述。

但是有許多事卻不能固定說『凡事之不確者，皆非新聞也』，例如：奉直戰爭的時候，路透電先後傳言董政國陣亡，吳佩孚陣亡等等。證之現在，皆謠言也。不過因為當時關於此事的傳說，既皆人人一致；惟所差者，不能詳細證明耳。故姑置之，以覘其後。蓋在此時，未始非一良好之新聞也。顧記載之法，必須用『謠傳某某如何如何……』。蓋預防其不確，免被讀者賤視故也。但運用是項新聞者必至萬不得已時方可。否則，不被視為有黨派嗅味者，即被目為利用欺騙手段，不可不慎。

3. 構成新聞最簡單之六大要素

篇首已經說過，凡為敘述某種事情的文學，我們不能稱他為新聞。例如：下面的一篇文字，只能稱為某種事件的記事文，不是新聞。

> 兌換角洋衝突
>
> 江北人邱萬喜，在共和路開餅店為業，令學徒徐小扣子，向附近吳金榮烟紙店兌換角洋。吳察之，角子係鉛質，拒不收受。邱指吳作弊掉換，

偕其夥張林桂及該學徒趕往吳店吵鬧，毆傷吳妻陸氏頭面；吳不甘心，亦糾吳阿榮至邱處報復，碰翻邱之油鍋，燙傷傍觀之沈維生。由崗警一并拘入四區經劉署長質訊一過，轉解司法科葉科員判押，候訊辦。

若然我們說：凡爲記載事物的文字都得稱爲新聞，那末以上的一段文字，明明是敍述一樁事實的文字，爲什麽不能稱爲新聞呢？觀於此，我們就可以推想到新聞與記事文，雖然形狀略似，其中必有一種極大的區別；要知道這種區別，請觀下文。

威廉氏在他的演講中，曾經說起構成新聞的要素，其中最大有六：

1. 何事。（卽發生事件之性質）
2. 誰爲該事之主要人及關係人。
3. 發生事件的日期和時間。
4. 發生事件的地點及其他。
5. 事件發生的近因遠因，抑或偶然出人意料之外的。

6. 現在該事結果如何。

其外雖則還有不少的條例：如推測力，觀察力，聯想力等，（詳見第四章）不過我們都不能說他是構成新聞的要素，只能說他是構成新聞的原素。因爲缺乏原素，尚能成立爲新聞。若然缺了要素的任何一部，就不能被稱爲新聞。要之，原素是補充新聞的不足，——使枯燥乏味的記載，再加了推測力，觀察力，聯想力等的預述，能引起讀者對該事的興味，加倍濃厚。

新聞的要素，既知道了；那末「怎樣的文字，纔能稱爲新聞呢？」這一個問題，同時就能冰釋了解了。再申言之，就是：上面例如的一段文字，所以不能稱爲新聞，而祇能被稱爲記事文者，其原因卽在不能恰合構成新聞的要素而已。爲易於了解計，茲再詳述於下：

照新聞的要素而構成的文字，就可稱爲新聞；反過來說：就是不照新聞的要素而構成的文字，就不得稱爲新聞；這是很容易明白的。前面例如的一段文字，既不被稱爲新聞，那末當然是有不能適合於構成新聞要素的地方。試將前面的例文，與構成新聞的六大要素，對照一下：

1. 何事？（卽發生事件性質）

毆打案。

2. 誰爲該事的主要人及關係人？

邱萬喜及學徒徐小扣子，吳金榮及妻陸氏，其他張林桂吳阿榮及沈維生。

3. 發生事件的日期和時期？

沒有提起。

4. 發生事件的地點，及其他與此案有關係的地方？

共和路。

5. 事件發生的近因遠因，抑或偶然出人意料之外的？

兌換銀洋衝突。

6. 現在該事的結果如何？

轉解司法科判押訊辦。

統觀以上的比較表，我們就能彀知道；所謂不能適合於構成新聞要素的地方，祇是缺着第三條。即沒有提起發生事件的日期和時間，其餘都是很對的。因此，該段文字，爲着缺了其中的一項，就全部不能被視爲新聞；組織上的重要，概可知矣？

更有進者：人類自事業日繁，即發生的新現象，也隨之而千變萬化，層出不窮；因此有許多的紀載，雖能按班就步，恰合於前面的六條要素，然仍不免令讀者觀之，迷離不明，或紀載失實。蓋事之性質，或有表面裏面的逈殊，發生事件之主要人，與關係人，有出面與背後的大異。事的原因，有遠因有近因的結果；更有果復成爲因，因復成爲果的區別。這許多內情複雜的事件，決非照幾條死板板的條例，所能盡量地拱托；是乃全在乎記者的眼光銳利，心機靈敏，不惜耗費時間，勤奮從事，以求其真確。切不可謂表面之六大要素已得，而即終了其責任也。

間或有事實太形迷離，一時不能詳爲申述，不過在記者的目光中看來，這件事決非片面的情形，所能解其真相者。那麽不妨用：

A. 憶像力——用一己的私意，對於此案的前因如何，經歷如何？若然是偶然發生的事件，那末就考察此案的主要人，被事後的態度如何？及其他有無特殊的行動等情？

B. 該主要人，平時所業何事？對於現在案內的關係人，有何關係？

C. 該案主要人的平時行動，及其所交結者爲何種人物？

D. 與此案有關係的旁人言論，姑錄之，以作將來之考察。

例如：以去年五月裏的臨城刼案言之：當初在報紙上專電欄披覽着不過是一種土匪糾衆行刼案，是一樁很普通的事情。但所以能轟動一時，令人驚爲巨案者，祗因此案連帶國際問題在焉。不過何以在山東軍警保護力所能及的地方，居然有麽樣的一樁大刼案呢？煞是可疑！因此後來傳說，有謂與張作霖有關係，蓋彼因購械事，與某律師略有干格，所以趁某律師赴京的時候，聳動土匪掠刼，以資報復云云。及後言者紛紛，莫衷一是。不過在一般記者一方面想來，以爲某律師與張作霖，初既無仇，平日向不往來；至於購械一事，在我國軍人，每多由一己自辦，與某律師何干？況孫美瑤與張作霖，更是素昧平生，而刼案中，亦非祇擄某律師一人。全車乘客，均在被擄之例；除併力逃漏者外，均無幸免。在論理上和事實上講來，都不能與傳說相符合，於此可想前說之不確了。——當時各報，都無此項新聞的紀載。

果然，後來經人詳細探明，原來土匪們，因爲被兗州鎭守使何鋒鈺圍住在抱犢崮，自料均將被擒，所以派人去搶刼京浦車，擄着中外人士，作爲要挾，要求政府，命剿匪軍隊撤退。幷且後來又要求政府改編爲軍隊。這樣一來，該案的全局，暫告一段小結束。而新聞記者報告該鄉發生之原因，總算使讀者得了一個明確的概觀。

諸如此類，其內情的迷離，至於不可究詰。謠傳之盛，每使記者一時失迷。所以記者若然在這種事件上，不加詳細的觀察，一味以依照上列的六條要素而記事，本有聞必錄爲記者的天職；那末非但事物不能得着一個清晰的源由，並且還要反使讀者至於不可名狀的地步。例如臨城案時，記者若然把「臨案與張作霖有關係」的一段謠傳登錄出來；那末，「孫美瑤對於某律師的待遇怎樣？張作霖怎樣去運動孫美瑤？此案發生後張氏的態度怎樣？」都是一時很重要的新聞。至後來會有孫氏要求將其部下改編的消息，更是與前說有矛盾的地方。記者盡責之難，正在於此；而新聞的千變萬化，也以這種時候爲最甚。所以上述之程式，不過要確立新聞的本身，幷使人知活動的路徑，不能謂爲一定的限制。

第三章　訪事員

1. 小引

社外之新聞記者，在日人編著之新聞學上，稱爲外交記者，或外勤員，英語爲reportor；而我國則通稱爲通信員或訪事員，名意雖異，其同爲報社探求新聞則一也。然顧名思義，似乎吾國所稱者，較爲合格，本書爲便利計，以下統稱爲記者。

「無冕之帝王」，「社會之師表」；此皆爲對於記者之尊稱。在拿破崙權勢方盛的時候，尚且比喻記者之筆言所及，謂其威力之强，遠勝於彼軍三千毛瑟槍之同時射擊力。這種言論的奇闢，決非常人所能道及。然其重視記者之職權，亦可謂至矣盡矣。但記者之所以能享如是之隆譽具若是之尊稱者，豈偶然哉！蓋記者的背後，及依賴記者的言論而隨之作進退者，不啻有數百萬之人民在焉，是故記者之一貶一譽同時卽能影響於多數人民之心理；或者儼同史乘，卽終古而尙不能消滅。

我國舊習，常人對於記者，向不重視；卽以報社自身論之，亦每視社外記者，爲主筆或編輯之從屬，絲毫無足介意。在今日號稱規模宏大之報社，尙且如此，其他更無待言。不知就形式上論之，訪事員雖爲報社之被僱者，然以之比諸商店之雇傭人，迥乎不同。蓋譬之學校之教師，固屬以金錢所聘定者也。然我人卽以此謂校長與教員之間，有雇主與傭人之關係，可乎？今記者恰如學校之教師，除受相當之俸給外，其他個人的地位，資格，人格的權威，與社主相較，固未嘗有若干之高下也。有時或且較社主而更上者。此無他，因社主祗能爲一社之主宰，管轄內部各事。而記者則受輿論之委托，民衆之授意，完全爲發揚民意之代表，公衆之使命；對於報社，不過祗負供給材料之責任而已，其外無所顧問。至若屈曲其筆，逃私他人，斯則人格掃地矣。然我國現在之一般所謂記者者，大半如此！一方面固然是因爲缺乏應具的智識，間更有並常識而不全者，豈不可笑！至於如何訓練？如何修養？皆爲若輩所不及顧問。蓋彼等固不欲以此爲終身之事業，不過一時出於不得已，爲餬口計，權作爲一種過渡的生活而已。所以凡在秘密探訪消息中，每不肯以報社訪員的名義自居。一若被人聞知，彼爲某社記者，卽有莫大之恥辱；自己尙不能自認所處地位的重要，何况他人？何况社會？我國新聞事業之幼稚，缺乏優秀之記者，實其主因。

以上論記者之所以不被社會重視，雖大半由於缺乏應具之常識；然其最要者，乃因許多不健全之分子，不能自重其人格。平日對於新聞材料之選擇，既不求實際的真相，而以忠實之態度取舍之。有時或受一時小利的誘惑，強力所威迫；或偶時因個人意氣，泯沒其良知，視他人之名譽爲毋足輕重。於是卽逞其造謠之慣技，以作私人仇恨之報復。就是一旦被人指摘，則以「有聞必錄」一語，以自逃其責任。此種毫無責任心之推諉語，乃最易流於不道德之惡習。故凡以革新進步自任之新聞記者，萬萬不可與俗同流，而招社會之輕視與厭惡。此雖視若細事，實關係於社會上之能信任與否，關係甚大。猶憶余昔任事滬上某報筆政時，本埠新聞記者某君，將某某路二百八十五號門牌孫姓之因賭毆打事，誤書其左鄰二百八十三號沈姓。翌日，沈姓見報後，即謂有關名譽，來函質問；并要求將該記者之姓名告知，以便逕向理論。而報館方面，則祇將其來函照登，以作更正，至於所要求將該記者之姓名告知，因爲格於新聞條例，不能照辦，故置之不復。不知後來如何，彼竟將該記者之姓名探知，於是相互辯論，幾至不得開交。而該記者則因厭沈姓之擾擾不休，即報復之曰：記者固抱有「有聞必錄」之職務云云。沈姓即據此言，謂該記者有意破壞他人之名譽，非送之公堂論究不可。後雖經雙方多人之勸解，始得蕆事，然已大費口舌矣。諸如此類，爲記者者，不可不愼！即以此事而論，固爲些些小事，苟能於被質問時，即申其歉詞，引愆於己，則何至釀成若是之巨案。此雖小事，然亦未始非一種經歷上之殷鑑。

範焉。

今更申其義，將威廉氏所論之新聞記者之信條，錄於後，以供爲記者之規範焉。

（一）吾信新聞事業，是我之職業。

（二）吾信公共新聞紙爲公共信任；凡與有關係者，以其全副責任而論，皆公共之管理人；不爲公共服務而服務者，爲此種信條之蟊賊。

（三）吾信沈思與明論，確實與平允，爲優美新聞事業之基礎。

（四）吾信新聞記者，祇須寫出心中目中所持以爲真者。

（五）吾信鉗制新聞，而不爲社會幸福設想者，難爲辯護。

（六）吾信新聞記者之著作，絕不作不斯文人之談話，局中人賄賂之宜屏去，一如局外人之賄賂。個人責任，不得因他人之指使或他人厚利而放棄。

（七）吾信廣告新聞以及評論，均須絕端引起讀者之興趣。全局須真確純潔，而有劃一之標準。公共服務之多少，爲優美新聞業之高等試驗。

（八）吾信新聞事業之成功最妙，而亦爲最應成功者。畏上帝而敬人類，獨立不撓；輿論之高傲，權勢之貪婪，不足以移之。其爲業也，爲建設的，可以寬容而絕不粗忽；能自制有忍耐性，始終敬重讀者，但始終無所畏懼。對於不公不平，必痛恨之，不爲權利引誘，亂民呼叱所搖動。凡法律應有工資，及人類互助方面所能爲者，總期與人人一機會，一相等之機會。又極愛國，且誠懇的發展國際美感聯絡世界友誼。蓋爲人類之新聞事業，屬於今日之世界，且爲今日世界而設者。

2. 常務訪事員

訪事員就種種性質的不同，大概分爲二種：即常務訪事員(reportor assignment)，與特務訪事員(special assignment)。本篇所述，祇及常務訪事員；(特務訪事員，詳見下節。)

我國現在訪事員之最爲得用者，厥惟常務訪事員；蓋由報社委託，專司一區域以內之探詢，無論其所發生之新聞，爲何種何類，若軍事，政治，金融……等，皆須負迅速報告之責任。其他還有北京上海等處，或爲政治之中樞，或爲商業之大埠，地面又關機關又多，至於各種會社所做的事業，均能引起全國的注意，於是不得不再用訪事員駐之責其報告所駐該機關或會社所發生的一切新聞，如北京的國會，府，院，各部。然此等記者，統稱爲常務訪事員，其事雖難，而酬報則獨優。

常務訪事員，既爲專任某地或某種區域的記者，故對於本社，卽負有此項任務的全責。若有駐在地之重要新聞，先爲他報所披露時；對於本社，卽爲失責。是故凡爲常務訪事員者，無論日夜，惟有注意不怠，時加警惕，不嫌勞苦，以發揚一己之能力，竭力爲報社努力。至於其他之一切準備，尤爲重要。玆述之如下：

A. 駐在地的一切交通，風俗，教育，政治，軍事，金融，商業，農業等，當加以極深刻之研究，及其他關於民情，風化，性質，好惡，亦當測量其有異於他處否？苟有之，異在何處？此皆爲極關重要之問題。爲該地之記者者，豈可不知？蓋一地有一地之不同，例如：北京爲我國之首都，政治之中心點，故國人之讀北京通信者，都抱一種探聽政治的觀念。上海爲東部國際貿易進出口之總埠，故讀上海新聞者，都爲商人，幷都抱一種探聽各貨市價的觀念。苟記者訪錄新聞時，北京多載商情，上海多載政治，則讀者興味，必於無形中改殺。故各地的情形，非加以實驗的觀察，決不能道其底蘊，卽偶然新消息發生時，亦難判斷其因果及眞僞，徒聞人言，卽將其片面之事實，送之報社，不附詳細的考察；此雖常人亦能爲之，又何必需待乎記者？

B．駐在地的一切有關係地方的人物，必當加以相當的籠絡，務使皆爲我之知友。該地之高級官吏立法，行政，司法，軍，警各機關名流，紳商學者，政客等均當聯絡，卽如最下之輿夫，走卒，公館之號房，僕役，市上之小販，流氓，亦當於可能的範圍內，與以相當的好感。總之，新聞記者以一人之力，欲令其同化於全社會中，靜候消息，自不得不多結識若干人，作爲事業上的輔助。故有許多名記者常云：凡爲新聞記者者，能多結識一人，卽自己耳目的所及區域，多擴暢一寸；雖或偶時無用，但我卻不得永信其爲無用也。蓋譬之我人之耳目口鼻，豈眞時時皆屬有用，至於所用者，祇所謂有用之一時而已。

C．駐在地的各種機關，都應該有相當的聯絡；且每日能作一次有系統的詢問尤佳。蓋有許多重要的新聞，每於無意之談話中探出；卽以北京各機關而論，則其重要處所：第一，府院及各部；第二，參衆兩院；第三，市政公所，京兆尹署，警察廳，各警察署；第四，審檢廳，監獄；第五，各政黨本部；第六，總商會，交易所，銀行，公司，平市官錢局；第七，主要之學校，病院，旅館；第八，各劇場及其他娛樂機關；第九，東交民巷各國公使館；第十，各國大報社之駐京記者處。至其蒐材之範圍，各方面廣大無涯。例如：其所擔任者爲財政部，則近頃有無借債之形跡？來年度之預算，何日發表？部中人員變動之預兆，均須銳敏觀察，早作準備。若總長，司長更易，則應詳記其更易之原因，新任之經歷等。蓋於此，就可推想到各政黨內幕之傾軋，勢力之消長。倘借外債，則其實在之用度，及其金融界之響應如何？他若關稅之改正，厘金之撤除，鹽務之發展，幣制之整理，本月份之收付項目，有無欠缺等問題。諸如此類，不勝枚舉。凡此種種，負常務訪事員之責者，皆應一一刮目聳耳，而勿使脫漏者也。

D. 以上三者，都爲記者對於所駐在地，應特別注意之事，是完全對待他人而言的。本節所述，則求諸記者之根本問題，卽被人信任是也。所謂信任者，非獨令人信任我之事業，且須令人信任我完全的人格。間接的說：記者之人格，在常人目中，應該視爲記者所操事業之唯一保障。蓋記者之所記載，無非爲他人兩相之事業；故所記消息，苟能不偏不倚，悉照正理上的觀察，而論甲乙的是非，則定須被人稱道而信服。有時且能於報紙上，因記者片言之勸解，兩造卽釋爭論者，所在皆是，此則尤全賴於記者人格的感化之功效矣。卽往後有事，無不樂與記者道之，以求公正之判斷；在記者，則於無形中，多一人作爲探聽新聞之副助矣。而又一方面論之，記者除盡責於報社之外，尙能作民間之審事，公衆之解判官。蓋彼之察事，完全與法庭之承審員不同：一則須絕對依照法律，證據，作判斷之根據，一則以公正之論理，誠懇之言語，作相互之勸解，卽可了事。因日常與民情融洽之新聞記者，較之高坐法庭之承審員，自然稍覺體貼入微，洽合民意。故凡民事之不能以證據作判者，在法官難辦之事，而爲記者，祗須理論之言語，解之可矣。此雖不能謂爲常務訪事員對於駐在地應負之責務，然在我國民智幼稚的時代中，未始非行政上之一助也。

3. 特務訪事員

特務訪事員是別乎常務訪事員而言的;更可謂專事突發事件的探詢,以補常務訪事員在該處一時之不足。例如:奉直戰爭,與臨城刼案,卽有派特務員前往之必要。至於其他苟有涉及於許多方面,如政治,軍事,社會,經濟等問題者,就當派各該具專門智識之記者,前往探詢。各種記者,同時活動,恰如動脈一躍,影響全體。於是綜合各方之報告,有系統之新聞,就不難一索卽得矣。特務訪事員應注意之點如左:

A. 凡緊要之事,始有特派特務訪事員之必要。故記者受編輯部長命令出發之時,不必瑣細質問,或請示方針;蓋如何前往,如何活動,在被派之記者,早應成竹在胸,隨機應變,區區瑣細之質問,略示之方針,豈能授記者以活動的步驟。(見下例一) 猶憶從前當日俄戰爭尙未接觸之時,美國各大報社,早已派遣許多記者,來華活動。其中或受命較遲,都恐失誤輪船起椗之時間,故卽日常最爲不可缺者,如更換之襯衫硬領等,均未攜帶。於此可見記者之對於時間經濟,較無論何物尤爲重要。(見下例二)蓋距離發事之時間愈短,則活動之範圍愈大也。

（例一）去年五月五日晚，京浦路土匪，在相距臨城站三里之沙溝山，搶刼由浦至京之夜快車時申報記者康通一君，適亦被擄在內且當夜與多數乘客，均盡被土匪帶至抱犢崮後。乘客中外人甚夥。土匪急欲詢問其爲何國人，或所業何事，以定索票之價値。但苦無適當之翻譯員；康君聞之，卽趨前請釋所縛，願爲翻譯，匪首孫美瑤許之。於是康君不辭勞苦，盡爲詳細翻譯，土匪亦深信其能。同時凡各要人之被擄在內者，皆被探悉其姓氏。且在匪巢中大形活動；至於匪首之姓氏及其身世，內部之系統如何？人數若干？此次刼車之近因，遠因等，皆被探明無遺。然苦無交通機關，不能將此情形，報告於外。於是遂乘土匪遣人要挾政府改編時，康君卽致言匪首，願爲乘客代表，替土匪說項，幷願與一外人同往，以堅其信。匪首許之。遂遣人送之出外，此時康君卽詳細觀其地勢，察其險要。旣出；卽詳細致電報社，此轟動一時之緊要新聞，就此不耗絲毫辛苦，而披露於滬上各報矣。及後康君旣爲代表，出入匪巢，其一切內情之探悉，尤爲其他記者所不及。由此觀之。康君若然早日不能隨機應變，我想此案之內幕，不知更須待幾何時日矣。

(例一二)奉直戰爭時，天津既為張作霖所踞，奉軍則以為大本營，軍力沿京浦路而南下；直軍則對峙於保定。時雙方戰鬥力之最烈者，則在京漢路之蘆溝橋附近。是以各報特務訪事員，無不羣集此處，各據一電話機，以詢前敵之正確消息。當時某館記者，祇因來時較晏，所有電話機盡被佔據；即欲求一榻之地，亦不可得。及後費盡許多口舌，始得居於城中一民家，然離戰爭區域，則已較其他記者而尤遠矣。因此活動之能力，幾等於零。蓋此地平日為一小鎭，種種設備，猶多未全；道路則均屬荒野，往返不便；更兼戰時暫設之各機關，又皆散在各處；故除利用電話機外，可謂別無他法。

B. 須具排萬難而不知勞苦之毅力，蓋特務訪事員，自一接編輯部長之命令以後，與軍隊中受長官之出陣命令無異，即希望早一分或一秒能達其探悉真情之任務。故此際除將自身之衞生，娛樂，一切置諸度外；而惟以不辱使命為第一要義。此雖關於各人之能否盡職而言，然為養成優秀之特務訪事員計；排除萬難，不知勞苦之氣概，確為應當特別注意之點。

C．在未起程之前，卽當預備：至與此案略有關係之各要人處，就其使命之性質，要求相當之介紹；或請教於同業之先輩，而預知各項事件之須加注意之點，以資事先籌備，以免臨事張皇。或攜特別之介紹書，以期活動之便利，證明該記者之不偏不倚，惟以報告真確消息爲天職，則自易得其禮遇；而活動更爲便利，例如直奉戰爭時，苟有記者攜得與吳佩孚或張作霖有關係之介紹函，其活動之範圍，必較其他記者更大矣。

D．未至該地以前，對於彼處之交通，路徑，民意，風化，應有相當之了解。至於所被責任探詢該事之經歷起因，尤當事先詳細考察，明其系統；否則遇事無由入手。卽該事之表面情形，已知之矣，如不能於適當之機會上，加以相當之探問，是則詳細之情形，總不可得，記者活動之能力，無形中已被受若干束縛。蓋記者探詢消息，純由奔跑而得。例如：今年曹錕賄選，收買議員事，欲在北京爲特務訪事員，探詢一有系統之新聞，則非將各部政黨俱樂部之所在地，熟知不可。其他當時有關係之各要人寓處，如吳景濂，邊守靖等，皆當熟知。至於其他一切的行蹤，亦應十分明瞭；因彼等足跡所至，卽新聞變遷之所至也。

E．特務訪事員中以軍事訪事員最占重要。蓋其他如政治，社會，經濟，盜刼等事，皆可以常務訪事員勉力充之。惟軍事則否。非具有特種軍事智識者，幾無活動之可言。而公衆之心理，對於戰爭，每能起引特殊之興味。是故近世歐美之報紙，在戰爭時，其活動之能力，遠勝於他種事業。然爲軍事訪事員者，有極重要之注意點在焉：卽無黨派之臭味與一己之成見是矣。（爲新聞記者者，固屬皆當如此；然以軍事訪事員爲尤甚。）否則定不能得良好的結果。例如：愛爾蘭人拉塞爾，爲歐洲公認能力最强之軍事訪事員，現在聖保羅寺中一豐碑上，鐫「最初最大之訪事員」之語句者，卽拉塞爾之墓標也。彼生前曾服務於泰晤士報社，歷被任爲軍事訪事員，所至無有能敵之者。後來美國南北之爭起，拉氏又赴美。彼雖深信北軍必佔最後之勝利，然泰晤士及英國各報，悉表同情於南軍，故其行爲，就不免爲北軍所妨害，於是無功而歸。雖泰晤士社諒之，并贈以終身年金三百磅以酬其勞，然彼却認爲終身一大缺憾。我人於此，卽可知所擇矣。

特務訪事員，所應注意之點，大致卽爲以上之五項；其他應用之變遷，則全仗記者之自擇而已。

4. 新聞記者應具的資格工具雜藝

甲 資格

(一)品性 新聞記者，爲新聞界戰鬥之將士；其所處地位之重要，已如篇首所述；愚嘗言：我國新聞界，記者人材所以缺乏之原因，雖由於社會國家之不加重視，然又以一般記者無新聞學上深造之智識，及關於新聞外交術之特別訓練與修養之故也。蓋處於如是重要之地位，決非僅恃其天才者，所能勝任而愉快。是其資格之養成，必經種種繁複的準備，但總括諸端，仍以品性爲第一要義。蓋記者握有莫大之權威，發揮其社交之手腕，與各方要人相周旋，最易得社會之信仰。反之，因種種利慾之誘惑，環伺於左右，稍一不愼，亦最易流於墮落，而不自知。是故確立品性，在記者實爲精神上唯一之要素。但品性有廣狹義之別，常人之目爲有品性之人者，在新聞記者視之，未必能卽稱合意。祇不過一種庸碌無能之好人而已。是以在新聞事業上立言之所謂品性者乃包含人格操守，俠義勇敢，誠實勉勵忍耐，及種種新聞記者應守之道德：「貧賤不能移，富貴不能淫，威武不能屈，泰山崩於前，麋鹿興於左，而志不亂，筆可焚而良心不能奪，身可殺而事實不可改。」此乃新聞記者之訓練修養所最不可缺者也。夫交遊廣，則品類不一，上自最高當局國務要人，大政治家，大學問家，大資本家，奸人敗類，以至卑官，小吏，輿夫，走卒，皆爲新聞記者所可與接近之人物。蓋在新聞記者之心目中，固無所謂階級之觀念也，惟以如何乃可盡吾職務，是乃交際活動之目的。故其品性爲完全獨立，絕對不受社會惡風之薰染，不爲虛榮利祿所覊勒，是爲養成新聞記者資格之先決問題。世間每有極項聰明，天才茂美，然却利用地位，藉便私圖，至於責任拋棄，人格掃地，深究之，此不獨彼個人受其害，卽新聞界之前途，亦深受其累，是安可以不愼。此雖各界皆屬如此，不獨新聞記者爲然，惟愚以爲新聞記者之地位，尤易流於墮落。嘗聞各報記者，藉端敲詐之事，卽可知矣。愚故不惜以閱歷所得，再三鄭重爲有志諸君告也。

(二)建全的常識　我人當獻身社會時，無論置身於何項事業，皆不可缺乏健全之常識，是固常人皆知之。但對於社會負指導誘掖責任之新聞記者之常識，更爲切要。彼特殊之專門家，往往可以祇具備某種智能，而缺乏普通之常識者。然在新聞記者，則決爲不可能之事。故人恆以僅具筆墨之技倆，或文學之才力，卽有爲新聞記者之資格者誤也。蓋新聞記者之任務，決非弄墨舞文之徒，所能稱任。一方面必須對於事實，能爲正確之觀察，明瞭之記述；更一方面，又須公平之批評；兩者兼俱，則斯善矣。然尤以能傳事實之真相爲主眼。至於預測事件之結果，判別事件之性質，非具有特質之注意力，與相當之經驗者，不克臻功。總之，爲新聞記者之常識，與他種專門學者，稍有不同。新聞記者之常識，決不可離乎經驗及事實之二點。否則，不趨於武斷，卽太形於意像。此皆非優秀記者之所爲也。

以上容有未詳之處，今再將普通記者所應具之常識，分述於次：

(A) 了解新聞的價值　凡耳能聞，目能見之事，無一非新聞也。但記者所載，務取其新穎有趣，間接地說：卽了解新聞之有否價值。於是在記載時，定取舍之方針。蓋彼此對談，或訪問要人，所遇之事，未必皆是新聞，反過來說：也未必皆非新聞，故記者之取舍記載材料時，卽詳察其價值。所謂價值者，乃指能否引起多數讀者之興趣而言也。例如：國務總理之談話，無論其爲政治的，軍事的，於相當之範圍內，總較其他各種談話，較爲重要。蓋其所發生的關係，非獨一部人受其利害，凡屬國民，對之都能視爲一種切身的問題。因此國務總理談話之新聞，較諸漠然無甚關係之地方通信，自能引人入趣。故優秀記者之稱能，卽無論爲訪問談話，或探聽事實；凡遇事實之緊要者，卽默記於心。且以種種方法，使對談之人，滔滔不倦，於無意中乃獵得其重要之消息。至於其中之孰爲重要，孰非重要；若者可棄，若者可取；早已成竹在胸，固無待筆述時，而始能分別之也。

但新聞價值之了解，決非各人相同；乃因各個的感覺程度的不齊，有以使之。例如：數人同赴一事，歸後各人之所記載者，其各部之取捨法，必不同也。了解新聞價值者，能使重要之點，毫無遺漏。是則又須賴於豐富之經驗，與夫獨特之智能者矣。

(B)　觀察力，推理力，聯想力　就記者必要之資格；以時間言之，第一，對於現在，須能理解迅速；第二，對於將來，須能觀察正確；第三，須熟諳最近過去之事情。就空間言之，於包羅萬象之宇宙中能看出問題；並能注意面積廣闊之問題，必將此三個觀念確實保持，則新聞記者之智識，庶可圓滿運用。因有時所聞之事實，係僞造，或半真半假，而含利用之作用；或只吐露該事之一部份，不肯完全和盤托出者。記者於此，卽應以銳利之眼光，觀察其真僞；故必須有觀察力。又凡消息之不實者，或傳言脫真，在理性必有破綻可尋；常人聞之，以爲可信，然在記者腦筋中，能略加思索，卽證明其不確，故必須有推想力。但如遇談話之半吞半吐者，最易不得要領；卽一時縱可獲其一部，亦苦於漫無系統，不能明其因果。則一貫直上之聯想作用，每足以濟其窮，故又必須聯想力。三者合用，斯則無論其爲如何複雜之事，祇能求得一線索，卽可明瞭其事實之大略矣。是以造謠利用之徒，於記者之前，卽不能逞其慣技矣。

(C) 細密與剛强判斷力　膽壯心細，爲事者皆當如此；非獨新聞記者應若是也。記者之觀察，推理，聯想，固爲探索新聞真相之利器。但此際有不可缺者，細密與剛强之判斷力是矣。蓋記者每因自負太高，凡事莫不粗疎而大意出之。要知新聞之事，決非僅恃其聰明，可以料事如神者。必其週圍之情形，無一遺漏，乃可綜合參證，而知其必然。否則，若忽略其一方面，則預料之事實，與夫所有之透視，均不能中矣。

又每種新聞必要之條件，如該事內容的人名，地名，時間等，皆當有詳細的記載。不然；新聞之價值，固損失無論矣。間或并事實而不能記載者；例如：某處火警，苟一時遺誤，不將被焚者之門牌，姓名，詳細錄出；則讀者對此，有何興趣之可言。但所謂細密云者，并非猶豫不決之謂也。記者之腦筋，貴乎遇煩而不亂，在細密之中，尤當存一種剛强之判斷力。凡事常人呶呶不休，視爲奇案者，在記者眼光中，既有詳細考察之後，就當用最後之判斷，將該案之前因後果，條條分出，再於未明之處，加相當之批語；則讀者對之，卽能易於了解。蓋含含吐吐的新聞，非但不能引人入趣；且能使讀者反覺迷離不明。此雖記者用筆之大意，而細密與剛强判斷力之重要，槪可知矣。

（D）機警與敏捷　記者活動，每因時機之確當，在無意中，即能探得無數重要之新聞；是乃全仗各人之機警與敏捷。因爲有許多事件，明知其甚爲重要，然亦明知其此時，我恐不能探得。但此時若拘於一法，必難望其成功，故不得不畧使權術，（此非欺詐之謂，閱者幸勿誤會）以資應變。蓋幸時，或能在意料之外，更得其他重要新聞之線索者，所在都有。但身體上，雖稍覺痛苦，然爲盡其職務計，惕於時機之稍縱即逝，固無可如何也。今將民國元年九月初五日，黃遠生爲申報駐京記者時之北京通信中記當時孫中山初到北京時之投訪一則，作證：

『孫中山於八月二十五日到京，記者即思一訪問其政見；綜合所門，作爲此篇。記者既不欲冒昧而往，乃以同盟會中友人某君介紹，於二十九日前往，蓋中山君現定單日午前見客也。記者於是日午前九時到石大人胡同前總統府，自街口以達府門之首，警衛森立，車馬闐咽。……到總統府後，傳宣者引入大門右側之招待室。是時，（九時）中山先生尚未起身；招待室中，有訪其隨員某君某君者，亦皆未起；想見連日疲勞之甚。然室中坐客，則已至十餘人，廣東人占多數；有中服而軒昂者，有面目黧黑而憔悴者；意者其老同志耶？新支那社日本人之安藤君，朝日新聞之神田君在焉，有名之鄭師道君則亦在焉。坐定，則陸續而至者，殆集室中幾無立足之地。至十時許，乃由傳宣者引入大客廳，孫先生之祕書乃出，而一一以訪客名刺，詢問本人姓名。良久，而客之至者更多，并此大花廳中，亦無立足之地矣。神田君等以約定時間先入，餘客乃皆坐候。來者既益多，乃分二客廳而坐。總計是日之客，蓋已七十餘人，記者後至。客廳係三連間，其第一室，即孫君會客之處；第三室即記者等候見之處。三邊皆撤，故記者於第三室望見第一室中，中山君與神田等會談情形，鬚眉并見。而門外迴廊之間，盡以同盟會諸君充塞，蓋皆來爲孫君助理，或承應者。時已至十一時，而神等會談，尚未畢其事，若挨次宣見，不知何時始能得望顏色。顧中山君之顏色，既爲記者所習見，又於第三室中瞥見甚悉。是日之十一時，各總長次長定約宴請中山於金魚胡同。其後則廣東公會有會，鐵路協會有會，料中山君必無以次談話之餘暇。若怱怱一見即又無聊；記者又有別約，乃怱怱不別而出。於是乃齎得最好之新聞材料，以報告諸君。其孫先生處，則擬另訂時間約見矣。

記者既出，所未得於中山君，乃間接得之於祕密偵探。因是乃得將袁（世凱）孫（中山）二人談話之內容及其關係，調查無遺，自信足以爲最確實之報告，此真記者之光榮也。……』

於此可見黃君（遠生），苟於訪問中山君時，强欲候見，則必不能再由祕密偵探處，探得袁孫二人之談話矣。故所謂機警者，卽在此。至於敏捷，那末自然應當在可能的範圍內，探得事實後，迅速報告報社。其原由已詳前章新聞之成分中，茲不贅。

（三）身體康健　凡操守時間不規則之生活者，與之講普通衞生，真可謂格格不能相合。蓋社會上事件之發生，不定何時；則記者奔走之工作，卽無已時，或深夜而尚未就寢，或飢時而不得粒食。更或偶有要事，通宵不息，非特欲眠無時，卽欲稍坐片刻，亦不可能。故爲記者之須具康健之身體，較之服務其他之事業者，尤爲重要。先哲有云：『健全之精神，寓於健全之身體，』此理誠然。蓋身體不健，卽能影響於精神，成功卽屬無望。是身體之修養，實爲各種事業之根本。故欲準備爲記者者，平時對於體育，練成極强固之身體，以供將來能耐勞之勤苦，斯可矣。然我國社會，往往有許多無聊之應酬，嫖賭更爲常事，以致戕害身體，嗜好日深。故任務繁重之記者，尤當以不入漩渦爲是。好在近來於嫖賭之處，已無重要之新聞可探矣。此不特於身體康健上有關，且易被人輕視，而日損其職務上之尊嚴，爲記者者，不可不愼。

（四）外觀的注意　人之外觀，略含有代表其人格，事業，性情等之意味。故閱歷有素之人，恆以此人之外觀如何，而判定此人爲何等之人物。例如短衣汚結，手足粗裂，一望而知其爲操手藝之勞工者，固不必待其手執鋸斧或鋤犂，而始能判也。外觀之重要，於此可見一斑。故爲記者者，除應具品性上，智能上之資格外，尙有種種外觀的必須注意之點。蓋新聞記者活動之第一關鍵，卽在於交際；欲求交際手段之圓滿順利，自當注意於與交際有關係之種種外觀，茲分述如下：

（A）　平時之容貌態度　凡容貌之美醜與否，似乎純屬於天然者。不過我所言之應注意之點者，乃指整潔與高尙，使人一望而知爲極正當之人。縱亦有天然的合宜與不合宜之分，然除生理上有缺陷者外，皆可由注意而使達於整潔高尚之必要程度。例如：鬚髮之整理，冠履之式樣，眼鏡之顏色……等，皆用一般紳士學者之普通形狀。既不可有過舊之派別，尤當力避紈袴子弟之佻㒓氣習，引人輕視。

至於對人交際之態度，則須和靄，莊嚴，機警，沉着，兼而有之。蓋和靄令人可親；莊嚴令人敬愛而不輕視；機警令人知不可欺；沉着令人知爲勤懇篤實，對人毫無惡意。總之，善於交際之新聞記者，其對人手段能因人而施。且似有一種吸引力，無論老幼新舊階級之人，一次與之交談後，卽無不樂與爲友者。

但交際上最當注意者，卽相當之禮貌。乃與無論何種人交際上，所不可缺。新聞記者雖當以謙恭禮讓接人，然世人每因太形謙讓，而人愈厭之者。謙恭不流於諂媚，莊嚴不流於傲慢，故所謂「相當」者，其適合之程度，極宜注意。惟初學者，很難學到；苟詳細仿模，未免太形做作；此乃全仗個人之經驗與體會中得來也。無法付授，但能多觀電影，或名人羣聚時，注意其各人之舉動，再加意會；雖不能一時奏功，則日後自能進步矣。

（B）服裝　服裝爲觀覘各部最能引人注目之一；如過於不入時或過於奢靡，其足令人厭視則同也。蓋素樸之服裝，易得一般人愛敬。然亦必須因地而施，視對手者之目光如何耳。例如：見性質古僻之腐敗官僚，而御華美之西裝；接候初歸國之青年外交官，而着不合時流之粗服；則二者之心目中，早已存一不快之感覺，苟易之，則盡善矣。又如在北京以馬褂爲普通禮服，可以聚會宴慶；在廣州無此定例，是又因地而易矣。其他更有記者必備具各種之服裝，遇性質特殊之人，亦有隨時變易之必要；惟此並非偵探化裝之意味。嚴格言之，總求不失乎整潔高尙，使多數人樂於應接是矣。

（C）有條理的言語與應具的外國文　語聲渾濁，或帶鄉音，語法無層次，語尾特多，口吃，無意識之健談，與夫咳嗽，涕唾，强笑等，皆足以引起對談者之不快。此在常人已屬不宜，而對於記者爲尤忌。倘不幸而有上述例語之半，已足喪失其活動之資格矣。其中雖或似乎成於天然，非人力所能補救，要皆習慣之使然也。故清淅之國語，純熟之語調，皆應有相當之練習，如善於發問，使談話者樂於解答，總以引起談興，隨處可以獵得重要之消息爲目的，是皆與語言，至有關係。

至於欲爲優秀之記者，現時最少須通一二種之外國文；英文，法文，德文，皆屬現代文明之鎖鑰。凡爲現代之人，皆應選擇而熟讀之，新聞記者之需要，自不待言。若爲我國記者計，萬不可不學者，日文是矣。蓋我國今日，已成世界之中心舞台，張牙伸爪，演劇較多，並懷抱種種之妄想者，日本人也。故我國民，必欲一聆其腔調，察其隱微，求有介紹傳播此腔調此隱微之責任者，非新聞記者而誰耶？是以我國新聞記者，而不解日文，謂其資格不完備，亦無不可。

（五）個性拋棄與優樂於精神生活　我國新聞中，有一種特殊之點；凡評論通信末端，每皆附以作者之名稱或別號；此種情形或有時含有負責之意味；但以愚之所見，殆占此種意味甚少，不如謂爲成就個人名譽之意味爲多。蓋不問評論通信之載於報紙，其負全責者，必爲報社之主筆。社外記者則對於社中主筆負責，對外固無所謂責任也；故無具名之必要。例如：因一段新聞，而惹起文字之禍，或有損於當局之尊嚴，官廳所追究者，必爲其報社之主筆；從不問是項新聞之署名，爲何如人也。故可證爲與責任之說無涉。所以每皆署名，或附別號之故：一則其人欲藉報紙而造名譽；一則或係新聞界著名人物，報紙著其名，藉之卽可增讀者之信仰。余意我國報紙中所以多署名號之文字，不外此兩種原因。惟各國新聞學者，多不主張之。其理由則凡報社之社外記者等，皆應盡忠於報紙，專爲報紙造成名譽，而拋棄個人之出風頭主義。凡爲活動，皆爲報紙，而非爲個人之名譽，故極端主張個性拋棄。

新聞記者所受之物質的報酬，殊遠不若他種之職業者。惟他種職業，所不能受之精神的報酬，則新聞記者獨享之。斯固爲新聞記者之所榮，但亦卽記者品格墮落之機之所伏也。故意志力較爲薄弱者，每不知精神之報酬爲可貴，徒津津也唯物質的報酬是求。於是資本家野心家，得伺其弱點之所在，而餌以所欲者；以買其歡心，使曲其筆，作一己之企圖，是爲新聞記者通有之怪狀也。此種怪狀，縱於法律上幸免構成其罪名，而於道德審判之前，則決不容赦；卽其精神上，必受自然之責罰，所謂良心之制裁是也。

乙　工具

『工欲善其事，必先利其器。』新聞記者爲至繁複之職務，其腦筋無時休息，其耳目隨處警備。故欲網羅世間一切事物而待其有以變動者，除去應具之資格外，還有許多應先準備之工具在焉：

(A)日記簿　記者之職務最煩；苟一切事業，悉憑自己之記憶力，此爲決不可能之事。蓋常人之略有交際者，亦當有相當之備忘錄。況記者活動之所及，全在乎交際；比之常人之備忘錄，更應有詳細之筆述，以備作通信時，不致有若何之錯誤。其他與人約會，則必須記明何日，何時，於日記簿；屆時務宜遵守時間，不先不後而踐約。至於某日何處開會，某日有何特別的事故等等，皆當豫記而屆時前往。總之，補助記憶力之不足，日記簿最爲不可缺少之一種要物。

(B)名人略史表　凡當代知名之士，事前即當與之有相當的認識。認識云者，乃預知其爲何種人物，如政治家，學者，實業家之類。不甯惟是，當未與接觸之前，更須略知其人之家世，性情，見識，則與對談時，自有種種方法，可以引起其興趣。即參與各種名人宴會，如外交部之宴會，跳舞會等；（外交部宴會最多，而名人之赴會者，亦獨多，其他更有各國之公使要人等，故外交部之宴會，我國無論何報之駐京記者，均視爲探聽各種消息之淵藪）名人之會集既多，苟平日能詳知彼等之略史，則各人談論演說之間，幾可謂盡屬良好之新聞材料。否則，政治上縱有極大之波浪發生，亦難以一時探知其中之底蘊；惟關此項，欲覓一參考書，甚爲困難。蓋吾國之出版界，極少是種書籍，以余所知者，日本人所著之支那官紳錄，似尙合用。然錯誤之處，在所不免；惟尙能稱搜羅宏富而已。

(C)　汽車馬車號數表　爲易於觀察各要人之行蹤計；此項表單，甚占重要。蓋各車行蹤之所至，卽該車主之行蹤。故記者欲探聽某項緊要新聞，惟因關防嚴緊，不易探悉者，觀其門首所停之各車號數，卽可以略知門內之爲何人。更由各人性質，地位，職務上之關係，加以推測力（見前段）卽可略測彼等聚集之爲何事；是皆探索新聞最要之路徑。欲取此項號數表者，大概警廳中均有之。

(D)　鉛筆時計　記事之便利，莫如鉛筆；我國之毛筆，固無論矣，卽歐美人之自來水筆，亦不適應用。蓋有時常能發生障礙，緩不濟急。且鉛筆所須之紙，無論其爲硬紙如馬糞紙，薄紙如我國竹簾紙，皆無不可，此爲其特長之處。甚者在緊要時，西裝之硬領，中裝之內襟等，皆可盡一時之應用。或有重要消息，白紙惟恐太顯，黑字引人注意，則於無論何種深顏色之紙上，祇須略具鉛筆字痕，亦可在光明處照出之，此又爲鉛筆之特別應用法。

又鉛筆宜置於外套之外囊，倘遇難記之人名地名等，不便於當面記錄之材料，可以探手襄中，記其要點。歐美記者，尙有以兩手同時就衣囊中速記彼此一場談話者，言已止而稿亦已成。此固非旦夕之工夫，有以致之優秀之記者，不可不預習也。

至於時計，尤爲記者最要之物品；原稿之截止時間，郵件之傳遞時間，凡屬新聞事業之事務，概以時間爲生命。故「時間」二字，不可瞬息忘懷，斯卽時計不可瞬息離身也。否則，必難圓滿盡其職務。若夫大事件之勃發，時計之需要更急。例如：途遇强暴暗殺要人，或大地震大風雨之突起等事，一般人因之狼狽失措；此際若由平生養成先出時計之習慣，其成就之效能，一則記事因時計無訛而愈正確，一則更可使精神沉着也。

丙．雜藝　雜藝之難，非難於不能精造，乃難於不能普偏。故任重事繁之記者，對於一己日用起居，應有相當之常識外；其他許多實施之普通手藝，更當有若干之練習，以濟一時之不及。

(A)　照相及照相術　歐美之訪事員，無不攜帶照相機者。良以事變無窮，有非文字所可形容者；一經攝影，祇附簡易之說明足矣。既省繁複，又能引起讀者之興味。例如：大火大水，遊行示威，各種會議等，皆爲異常之社會新聞。讀者對之，即能興致勃發，如若親臨其境然。其他如政治上有名之人物，於相當之時期內，即可將其照相刊登。例如：奉直戰爭時之吳佩孚，張作霖，今年大總統選出後之曹錕，最近臨城刼案結束後之孫美瑤等，皆能補助新聞稿之不足。讀者對之，即能發生極深之印象；然平時對於各要人之肖像，必須羅列無遺，以作準備，是爲籌畫之第一要道也。

(B) 駕馭汽車及打電報　新聞以敏捷為要素；世界各大報社之記者，同時往往為數分鐘之競爭，如先抵電局者，則電報可以先發，報社中亦可先收到，而早能排入明日之新聞中。其他第二第三到者，皆為陳迹矣。文明程度愈高，則時間之分析愈細。所以採集新聞，東奔西跑，在急不擇暇之時，此際如欲傳達消息，則普通各車之駕馭術，非有相當之經驗不可。否則有物而不會用，適等於無。苟同時有二記者相競爭，則不懂駕馭術者，其吃虧為何如耶！回憶余前在天津時，適當五四學潮，遊行之示威運動，幾無日不有，惟隨步而行，實無特殊新聞之可載。但其餘記者中，都有乘自由車相隨者，或前或後，非常活潑；因此探得題外之新聞亦獨多。惜余不諳此術，以致良好之新聞材料，均不能隨時記載。當時余精神上之痛苦，誠非筆墨所能形容。此後卽專意練習，不數旬而已能行動矣。蓋此種雜藝，有時為平日所不及料着，不謂其需用時，價值有若是之大也。故多才多藝之記者，對於無論何種學科，不問其有用與否，皆當有普通之技術。此蓋余個人經歷上所得之教言也，

(C) 化裝術　此並非謂為記者應有若何程度之化裝術；不過因記者職務

上之關係，或因與政界惡感宣戰，或因欲探祕密之會議，權充侍僕等等，以免爲他人注目而設；初固非欲若偵探之專以啓發他人之隱私，而行此詐術也。例如：日本明治四十三年，吾國清廷之載洵貝勒游日，各報大起注意。其招待單中，有某日觀劇於歌舞伎座一節；屆時親王妃嬪，朝野名流皆陪席。惟幷不招待各報記者；故各報欲探消息而不可得。惟某記者一見招待單，卽與一素相熟識之歌舞伎座中人藤浪氏密商願是日化裝，權充侍者。屆時某記者遂能大形活動，忽遞烟捲，忽獻茶菓，盡得載洵貝勒及陪賓各要人之談話，及觀劇時之一切內容，詳細披露於報紙。一時朝野爲之大震。卽此一端，已足見化裝術之重要矣。

5. 女記者

歐戰以後，婦女對於各種事業，皆有相當之活動。例如參政職業等等，或已施諸實行，或尚在籌備。要之其能博最後之勝利，則可斷言也。新聞事業中之女記者，在歐美先進諸國，雖早已採用，然其活動之範圍，祇不過關於家政，美術，音樂，衞生等而已。既無規定重要之任務，又無特殊之記載。故讀者對之，均存一漠然不相關之心；謂其專撰補充報紙篇幅餘白之文字，亦無不可。今則形勢既變，大異昔時，婦女執政者有之，社會活動者有之，一概都與男子站在同等重要之地位。因此所須之新聞記者，亦不能如往昔者之祗限於一隅矣。

但是話雖如此，苟令婦女冒風雪於深宵，作險阻之蹣行，以從事百般社會之訪問，就其體質論之，甚不適當。卽勉强爲之，非惟不能與男記者競勝，且恐易於喪失婦女之尊嚴，是乃女記者不及男記者之處。此係天然之缺陷，非人力所能補救者也。蓋一事之成就，決不可全憑理想，天然之才能，亦爲必須之要素，故取長補短，相互利用，卽此意也。

婦女不敵男子之缺陷，旣如上說；則婦女之所長者，究在何處？余今且據個人之私意答之曰：婦女之家政，美術，音樂等之論評，紀事及文學類之作品，則男記者往往不及女記者成績之優良，以其筆致纖麗，觀察明細故也。歐美不少成功之女記者，然其中以從事於文學類之作品者尤夥。若爲新聞之探訪員，則未見有若何出人頭地之人。要之，婦女而抱定欲爲新聞記者之志願者，與其恃體力以盡瘁事務之活動，不如利用其天然之文藝性與想像力爲得策也。故本書所述，關於女記者之服務，與其在社會上活動，遠不如充社會中之編輯，較爲得宜。此非有意要造成二性之階級，在勢不得不如此也。

6. 結語

關於通信員及訪事員之種種要目，大概可謂都已說遍無遺。其中或爲必具之常識，或爲應具之資格；致用之法雖異，然其重要則一也。吾國自政體改革以來，政治之擾擾，無或已時；民智之閉塞，等於往昔；今更盜匪遍野，武人專橫，殺機四伏，兵戎時見，强者挺而走險，弱者轉乎溝壑，人民之受禍，至矣盡矣！呻吟之呼聲，舍執掌新聞事業之記者外，其他更有何人？至若民意之匯集，輿論之確立，吾國人民之有賴於記者，更屬重要！執掌新聞事業者，盍鑒之。（本篇曾刊載於前年之學燈欄）

第四章　探訪新聞概論

1. 探訪之式別

採訪（interview）之解釋，大別之有廣狹兩義：就廣義言之，卽所有新聞之材料，概由採訪員自身之直接所得，筆之於文，詳述某事如何如何，絕不假語於他人。就狹義言之，則所訪對手人物之姓名，已足爲此則新聞中之重要材料；然後聽其談話，觀其丰采，綴成一完整之記事。例如：吾國各報習常見之「某要人之談話，及某要人如何如何」等；祇此某要人三字，已足令人驚駭，發生異常之注意力，此爲最明顯之證例。

美國米茲利大學新聞學系教授盧斯氏，在他的講演中，曾分採訪爲二種，卽：

（一）略式採訪（informal interview）或稱補足的（complementary）

（二）正式採訪（formal interview）

略式採訪者，乃爲廣搜博聞起見，隨處採詢略與此事有關係之人物，以冀覓得更較詳細之事情。或對於一種新消息發生後，要求被訪問者之證明，補充，極不重視對手人物的名稱的。如某處火災擾亂之事，先向警署當局者詢問，當時其所注意者，在事實之談話，而不在對手被訪者之姓氏也。卽作新聞材料時，亦僅敘其事，而略其人。譬諸前之向警署，探詢某處火災擾亂之事，苟擬就新聞稿時，載諸報端，決不會詳細載明謂此係警署某人所述之也。是故凡報端上無真姓名標出者之談話，如常見之「某要人之談話」或「某案被害家族之談話」等等，皆屬此類。

正式探訪則純以對手之人物為本位，非為轉傳的，是直達的。蓋其人之資格與姓名，已足為報紙上之材料；如曹錕，吳佩孚，張作霖，孫中山等之行動，記者訪問之，而請其發表對於時局上之感想，揭載時，即可以其姓名為標題之主腦。如「曹錕之談話」「孫中山之宣言」等，皆屬此類。美國瓦約州立大學新聞科教授哈林頓氏，對於正式探訪，曾下一個定義曰：『新聞記者所稱之 interview，即凡關於動人感興之問題，直接由於洞明該問題之著名的，或於是科素被稱為專家的個人之表現者也。』此洵至確當之定義也。故當外國名人蒞華時，則探詢其對於吾國之感想若何？新內閣成立時，則探詢總理叩其政見若何？如當有人於事業創成時，則探詢其經歷之如何艱難；傳染病發生時，則探詢有名之醫師，詢問其有無預防法，及其所以發生之原由。凡此種種，祇以談話之首尾，及對手者之丰采，題以

「某某之談話」或「某某訪問錄」卽可成一完全之記事矣。但記者應須特別留意者，卽略式探訪與正式探訪，不可亂用；如「無名望」或「無特殊技能之人」卽無正式記其談話之必要。蓋正式探訪者，乃正式介紹其人之意見於公衆之謂也。故其意見，爲個人的確實的責任的；而略式探訪之談話，非不含多少之個性，究以「不的確」與「無責任」爲夥也。記者於此，應當十分了解之。

至於此種正式的探訪，何自發生；則據各國新聞學者之所傳，有謂始於倫敦泰晤士報社。巴黎特派員之勃羅惠芝氏者；是固未必可謂盡然。但視訪問之方法，不僅爲採集材料之一種手段，而眞作爲獨立記事之目的者，乃始於法國。及後最盛於美國。蓋美人有樂受新聞記訪問之性習，故不期而正式詢問之方法，遂因此而得以盛行。故探聽新聞，與國民性，亦有莫大之關係。

2. 探訪上應具之手續

記者之東奔西跑，無非欲恃一己之能力，獵取新聞。然以余個人之經歷言之，每有勞苦終日，雙足奔走之力，早已消磨，而仍未得一可取之材料，以實余之通信篇幅。不寧惟是，或所探之事，零散不齊；或謠傳之聞，無由證實。雖欲據情記載，又苦無相當之系統；間或自己尚未詳悉，驟而記之，亦不過授讀者一種迷離不明之報告而已。凡此種種，爲記者者，諒皆嘗過此種苦味。然揆其何以致此，則不外乎缺乏探訪上應具手續，故問政局於鄉童，叩市況於學者，其爲無用之探訪同也。茲就我國社會之情形，敘述探訪上應具之手續如左：

(A) 介紹函　記者之訪問朝野著名之人物，原不必皆有待於介紹。蓋若係明瞭新聞記者之性質，職權，地位之人，對於記者訪問，殆無拒絕之理由。但我國社會，每有數種困難，欲排除之，非有介紹之方法不可。所謂數種困難者何？

(一) 舊式官僚，多不認識新聞記者之地位，非視爲可厭，卽疑爲可畏。且惟恐因發表其談話之新聞而惹事，或預料新聞記者將提出何等要求，要挾其答復。因此，依官僚派所奉爲金科玉律之「多一事不如少一事」之原則，每易託辭拒絕而不見。——此項原因，大半由於新聞記者中不良份子之所自招者，故宜澈底自省覺悟也。

（二）我國所謂要人之會見賓客，毫無秩序，規則，其談話之時間，尤不經濟。故每至來客擁擠時，非大半拒絕不可，蓋時間不及也。因此新聞記者，自更應在拒絕之列。

（三）縱使破例接見，又因兩方格格不能相入，彼此早存一趕快「端茶送客」之心。故訪問時，每多無絲毫之要領，且再雜以第一項之「多一事，不如少一事」之心理，因此十問而九答曰「不知道，」「沒有聽見」等之推諉話；無怪記者與彼會談五分鐘後，非興辭不可矣。猶憶余前在滬時，（似乎民國二年）訪岑春暄君於哈同花園，叩以對於袁總統之政治手腕，有無意見。蓋當時北京政潮時起，黨爭日烈，袁總統恐內閣不穩，特欲借重岑君代組，幷遣使南來迎之。岑君亦見各方對之尙無若何惡感，急欲一試，故卽定於某日北上。記者聞之，卽於彼未離滬前三日訪之，始被拒却，後得友人之介紹再往，幸蒙接見。然詢之各事，都不置復；卽叩以先生何時動身，亦答未定。不知彼早已確定於某日出發矣。蓋恐言與記者，傳聞之後，彼又必多一番應酬之工夫故也。

因有上述三項理由，故託人介紹，乃至爲重要。蓋於彼此尙未認識之前，而欲溝通兩相談話之信實，自必待乎一可靠之證明書；介紹函之命意，卽在於斯。然介紹函，亦有類別焉，非盡人皆可作爲介紹人；介紹人必須與彼介紹者，有相當之關係，否則不被輕視，卽仍不能達我探訪之目的，徒然多一番手脚而已。今將介紹函中先宜注意之四點，述之如左：

(1) 介紹人必擇與彼有相當之個人的交誼者。

(2) 須承認爲個人朋友，絕對不以新聞記者目之者。

(3) 以眞摯態度，介紹記者個人之學問資望，俾使受純潔之信仰。

(4) 書明「惟因渴慕，欲聞大教，長談以外，絕無所干。」

上述一二三四項，爲介紹函中決不可缺之要素，而一四兩點，尤爲必要，是爲訪問準備之第一步。苟記者能善於利用介紹函，則不數年以後，交遊旣廣，採集新聞之區域，亦愈擴矣。

(B) 約見函　約見函乃由記者自撰，要求在一定之時間內，得一接談之機會與介紹函雖同具要求接見的懇請，然其性質大異也。前段早已說過，介紹函乃因記者與被訪者，從來無相當之友情，故不得不借重第三者，作一初次談話的導引線。約見函者，記者與被訪者，已具有若干之友情，惟恐被訪者無一適當之機會，授記者與彼作一長時間之談話，故修函請求之而已。此乃記者探訪新聞最普通之法也，然亦不可濫用；當視個人友情之程度如何為斷。否則縱用之，亦無若何之成績也。

除上述外，約見函更有一種用法，卽記者請人書得介紹書後，同時自撰一函，將介紹函同時封入，致諸被訪問者，請其約期會見。至於彼此之稱呼，則因書介紹函者，與我為平等之友，則此函亦當不抗不卑，以平等地位自處。對被訪者，稱先生，或稱職名；己則稱弟，或僅署姓名，此乃極普通之通信法也。但此函之傳遞，以余個人經歷論之，必須專送，切不可郵遞。蓋郵遞不能十分確知何時送到，間更或有遺漏者。至於專送之法，則遣僕送到時，令取號房之收條；（普通所用之回單簿，亦不合用，蓋恐稽查時，仍多不便，且易生弊。）或在家，則試請其卽復，但切不可急急；因此事有時能令人極感厭惡，而生忌憚。既得復函，如約期較遠者，必切記勿忘；且須再行投函告知屆期定必遵命，前來不誤。如此則彼方既得確約，亦不致偶而遺忘。惟屆時，記者寧須早到來函約會之地以候之。先告號房，謂係受約而來者。（或將原函攜往，以便作證。）投第一次之名刺時，以有職銜爲宜。（職銜只須用最要之一或二，切不宜如常人之用十數行，令人見之可厭可笑；第二次後，即可不用。）俟號房出而曰「請」，乃可隨彼至所指導之會客室，而靜候焉。事既至此，約見函之功效，亦盡矣。

(C) 訪問後之再見預約　託人介紹，與重要人物談話，非至易事也。然一次所談之結果，未必即能達多大之目的。以後之活動，全在乎記者自己之手段矣。以余所常用之方法，則以一次面談之後，當臨別時，每再與預約下次談話之期，或預定每星期談話幾次。或於彼自身以外，又指定左右親信兩三人。更甚者，或要求以後必須親自接受余之電話，是皆爲第一次會見時所必須注意者。因如是，多一人可供探訪，即多開一條新聞之路。苟能每星期循環訪問，則各人僅須接談一二次，又不覺其厭煩，而活動則可以自在而無阻矣。

優秀之記者，在第一次經人介紹接見重要人物以前，無不竭其心力，詳細籌算，如何可以在我之採集新聞材料區域外，再行擴充之。在常人極感材料缺乏之時，我可從容作稿，使他人所未知者，我得以詳細披露之而無遺。再在常人極感活動範圍太窄時，惟獨我可以來去自如。活動之程度，竟在他人目之，幾疑為天天有要事發生者，是乃又為會談後再見預約之功效矣。

(D) 以名刺詢問法　此法在各國之記者，用者甚多；在我國用之者尚少；因此法須視被訪者之性質為限；否則必不能得良好之結果。蓋我國之官僚，凡記者之探詢，許見則已，不允接見者，縱有一字之詢問，亦在拒却之列。卽或肯批隻字，則所答者又多是「不知道」三個最簡單之答語。記者對之，有何能為，故名刺之詢問法在我國殆可謂不能成立。然以其有時或能濟窮，是以姑錄之，以作參考可也。

至於運用名刺之詢問法，則因被訪者以無暇接見賓客時，曾對號房囑付，無論何人，均不接見。則記者縱告號房以「沒有幾句話，說完就走」，亦不能幸蒙招待。

此時卽可以所欲詢問之問題，簡單書於名刺之後，祇要求答復數字足矣。如此或者可以略得新聞之大綱；是全在對手者之性情如何耳，其他別無良法。

(E)　電話利用方法　以一人之能力而欲盡行訪問，非特限於時間之不濟，且亦爲儀式所格。故電話之利用，爲最上之良策。然電話不無困難之點如下：

(1)　稍有重要關係之事，每不便在電話中明說；縱實際上並無此種原因，然對手方可以持之爲藉口而不肯言，此例最多。

(2)　官僚必有架子，每不願親接電話；而事實上之老官僚，亦真有不能接電話者。故僕役先言「等一息」再又言「不在家」實際上皆爲拒絕接談之推諉詞也。

(3)　電話必係簡易問答，不能如普通訪問之在自由談話中，多得新聞，且不見對手者之談話容貌；縱有所言，亦不能確斷其能否可信。

因是電話之利用方法，當與普通訪問不同。若能用得其宜，則電話誠屬最經濟，最簡便之一種重要方法。余故謂不可「因噎而廢食」卽謂電話爲不適於用者。今列述電話詢問時，應注意之點如下：

特別允許者。

(1) 請其在電話中接談，必係有相當個人交誼之人；且平常訪問時，曾得其

(2) 電話中之問答，必先將應問之事，先行詳細預備，而要求明瞭答復；或對某事疑信參半，以求證明者。總之，所提出者，多爲具體之問題，而不爲理解費詞之問題。

有時如遇不肯親接電話之官僚，如有特別必要時，亦可用非常之手段。但此非常之手段中，半面又須具極正當之理由方可。所謂手段者何，卽託言謂彼之私宅中人，請彼說話，或言彼常時所關心之某機關，請彼說話是也。此種方法，大略總可能發生效力。俟其接談時，則可婉告以「我乃某某」幷告以「我之獵用此種欺騙手段，乃爲極不得已者，蓋恐直言與新聞記者接談，則座中必有人聞之，不便云云。」一如此，彼不能不加以諒解，且又勢難中止而不接談。惟此僅限於非常必要之時，方可試行；蓋有時幾乎眞非如此不可者。例如：閣員正當會議之時，吾人因某要案，急欲先知其結果，非覓閣員電話中談話不可。若竟告以某記者請某總長說話，

則恐他閣員聞之，與彼大有不便，自必避嫌而託辭拒絕。然苟託言某機關，或其本宅請彼說話，此乃至爲平常之事，彼必欣然而來接談，此乃打破被拒之第一重難關之方法也。惟此須與被訪者，本有個人之友誼者；否則近於冒昧唐突，或且被疑爲不正當，不可不愼。要之，權變祇能濟一時之窮，切不可次次而用之，被人厭視，以自墮其人格。

至於電話之裝置，余謂宜於在寫字檯上；蓋一面問答，同時可用手以記其要點。因電話中之所聞者，每較對面晤談，爲易忘易誤。至質問語言之淸晰，與夫聽話耳力之敏捷，亦須有相當之練習。各國大新聞社中之電話部，每能於數百里外之電話中，筆記數千言之新聞，此乃又特別敏捷之手段矣。非練習有素者，決難以如此。

(F)　利用反對黨　歐美之通信記者，非盡皆無黨也。若以我國現在政治之情形而論，則記者似以無色彩者之活動，易爲各方所重視，尊敬。因此欲知甲黨之事，卽可詢之乙黨；欲知乙黨之事，卽可詢之甲黨；互相利用，卽可窺見各黨各派之秘密。如民國二三年時，向國民黨詢共和黨之所爲者，必皆和盤托出。反之亦然。但第一須留意者，反對黨所宣傳者，半爲不盡確實者。記者又當從他方探索之，以求詳細之證明。否則卽易爲一方面所利用。然有時亦有明知被人利用，在理應可與以刊登者；如甲黨宣傳「乙黨某事如何不正當，某案如何不利於國民」；實則乙黨并無此事，不過被甲黨所誣而已。此時記者，苟能詳細證明之爲確實者，就是爲私受乙黨之囑付，要求代爲刊載其聲明性質之新聞時，記者儘可允之。蓋一方面仍不失我探索新聞之職任，以報告新穎之記事於讀者。另一方面，又能結得相當之好感於乙黨。以後詢問消息時，定能蒙特別之優待。此不特乙黨之利，記者之利，讀者亦有利也。是全在記者之善自爲之而已。

(G)　突發事件探索之途徑　普通事件之調查較易，而突發事件則令人準備不及。蓋一事驟發，萬端齊生，記者雖欲盡力，亦不過祇限於一處之片面消息而已。故此種事件，不得不須乎多數記者之同時活動，則彼此呼應，不特事實之真相可明，卽該案有關係人之履歷等，亦可詳細探詢。茲以余經歷所及者，略述應須注

意之數項如下:

(一)先命一記者,至遭事處詳細詢問當時發生此事之情形,主要者何人?何名?關係人共幾人?幷何名?

(二)分派各記者至各該關係人之居處,詳細探詢其平時之行爲,職業等等;能索得一肖像尤佳。

(三)命一記者至所遭事區之警署內,詢問此案現已辦至如何程度?幷長官對於此事,已否聞悉,及其所抱之態度如何?

(四)遭事之諸人,如已被送入押所,則卽至該處考察其行動之情形。有機會時,卽可與彼等作一探詢之談話;則該事發生之原因,或能於此探明。如此則報社卽可蒐集各方面記者之報告,詳細記之,製一極詳細之新聞於讀者。同時記者之責任,亦可告無遺矣。

以上所述,都不過是探訪上應具之普通手續;其他更有時期之不同,地位之各異,要皆不可一概而論。但其手續之趨向,總不出乎要求探詢之一道也。

3. 關於採訪時應注意之點

前節所論，乃因未得探詢之機會，而欲造就機會。此節則專講既得機會後，應如何利用此機會，不使遺成無用。茲分述之如左：

（A） 權作個人朋友資格之談話　在東方之社會中，常人對於新聞記者之觀念，與英美大異其趣旨。嘗在日本時，與彼邦人士接觸後，知日人對於新聞記者，亦抱有疑慮可畏之觀念。惟較諸我國確已進步多多矣。因此社會之習性關係，在我國欲爲一敏捷之新聞記者，不可不多結識個人的朋友；如政界之重要人物，若多與有個人的友誼，談話之頃，彼此間皆無資格之障礙。（如與國務總理談話，吾人不視彼爲國務總理，彼亦不視吾爲新聞記者，不過普通朋友之交談而已。）如此則必能打破若干祕密與嫌忌，而較易得多量正確之新聞。有時固發生困難之點，吾人應立「正義的真情之利用」以防範之。何謂「正義的真情之利用」？例如：某要人與某記者有個人之友誼，而某要人忽因某事蒙一不白之寃，希望某記者爲之辯白。此時援諸正義與事實真相，若果係某要人受寃抑者，則不妨爲之具相當辯護，而許其利用，在友誼上更可多得供給新聞消息之援助。（此關於個人者，關於黨務者前已述過。）反之，如係正義事實，並未受屈者，則惟有直告以不能犧牲報紙之價值信用，卽請其原諒。此於友誼之中，仍不棄以事實爲本位之原則。所謂新聞記者交際之防範，絕不容其毀壞者也。

又記者能否顯示其資格，當視各處之情形不同，而臨機決定。蓋每有人不喜彼所言者，披露於報紙；然亦有人惟恐報紙之不採其所言，故相互誤用，其損失爲何如？是以探索新聞，問及附近之知其事者，有時可以直告以「我乃某社記者，」較爲妥當。但有時又只能作爲私人詢問，而勿令知我者爲新聞記者。凡此臨機應變之一端，總祈求達探索真真新聞之目的而已，

(B)　對手方之研究　訪問之前，必須研究對手者爲何種人物。若對手者爲政治家，則其出身，經歷，黨籍，及在黨內之地位，與他黨及當局要人之關係。對手者如爲實業家，則其所經營之主要事業，及其事業之成功或失敗，與實業界有力者之關係，有無將起之新計畫。若對手者爲初至我國之外人，則其來華之使命，更須

加以一番詳細之研究。反之，如不了解對手者爲何許人，漫然會見，不惟談話難得要領，且不免爲對手者所輕視。如訪問醫學家，而不知生理學之初步者，徒自招其侮耳。蓋能知對手者之爲人，則自可與以相當之善感，而得滿足之談話。因爲無論何人，凡取其快談，而正確傳述之，大抵無不歡迎。其有不願與記者會晤者，蓋恐不得快談故也。又有素不喜接見記者之人，對於此種人，務先擇其所好之題目，作談引；然後徐徐入於本題，自不難得圓滿的結果。要之，若能充分預爲對手之研究，則決不至爲對手者所欺，更不慮問話之缺乏也。

(C) 固定談話之時間　凡訪問要人，既蒙接談，見面以後，首先就當注意測量其對我歡迎之程度。同時又須測量彼此刻忙碌之程度，以作全盤坐談若干分鐘，何事可以發問之打算。故當兩方之寒暄既畢，若被訪者爲非甚舊之人，且體意似頗優渥，而事務又料其不甚忙碌，則記者可出時計而問其『現在不十分忙碌否？』隨卽自定曰：『我們談一刻鐘好麼？』此時除非彼真真有特別事故外，其勢必不能拒却，是則一刻鐘時間之領域，已先被吾個人佔據矣。自此卽可泰然與談他事，由近而遠，由小而大，似絕無探聽新聞之意態。且對於彼之談話，凡事不持異義，不示意見，悉皆作首肯之態度，俾得盡言無遺。蓋吾人心目中，自有經緯，取舍井然，固不待盡行露諸口述也。至若雙目炯炯，注視其面，以察其所言之真僞，又可表高尙之敬意。卽偶時縱知其僞言，當時亦切勿說破之；其欲說不說，半吞半吐之語調，尤當加以特別之注意，或卽擒住而問之，勿令含糊過去，是又爲談話中之最要者矣。

(D) 談話中之擒縱　記者須具臨機應變之才，於行訪問時尤爲重要。蓋無論如何高才，若不先將其質問之條項，加以準備，臨時亦難免有失措之虞。世有一言見詢，卽滔滔不休者，如遇此等人，則記者誠無所勞。但其人有時因恣意健談之結果，往往溢出題外，而於本問題反不得何等之要領，所談之話，更不知其着眼何處。故對於此等人，不得不與以恰當之擒縱，方其談話奔放時，則設法擒之；方其沉默時，則設法縱之。如略提其生平最感得意之事蹟，如借用彼之反對者所言，而挑潑之；或反面質問，令其自證，或旁面質問，使之不覺；是全在記者之善爲運用耳。總之，訪問時之擒縱，爲最重要之部份；同是訪問一人，善談者與不善談者相較，其所得之效果，幾有天壤之別焉。

(E) 注意被訪者談話時之面容及態度　談話中應向對手者表示充分之敬意，自不待言。然尤當注意觀察對手者之顏容態度；其效能：一，可藉表敬意；二，可使對手者知我喜聆其談話，自能使彼發快談於不覺；三，可察其言之是否出自肺腑；蓋敏捷之記者，觀察彼暢談時之容貌態度，已可用意推測彼之此言是否真確，所謂「察言觀色」，理卽在斯。

(F) 最忌之質問　無經驗之記者，動輒叩人『有何種新聞否？』此實自侮之甚者也。蓋成否新聞，可由自己之觀察而決，不應問諸常人。況卽有常人之所謂好新聞者，苟以具體之新聞眼光觀之，未必有何價值。反之，於常人絕不注意之中；或者往往能檢出好新聞也。

質問以性質而言，略分爲兩種：卽直接質問 (direct question) 與間接質問 (indirect question) 是也。然則何謂直接質問乎？可曰：凡是與否卽能全答所問而無遺者，皆足稱爲直接新聞。例如：你「某處去否」等，其答案祇須「是」或「否」二字中之一字，卽可將所問者答得非常明瞭，故極不宜於詢問消息。反之，凡非「是」與「否」卽能全答所問而無遺者，皆稱爲間接質問。例如：你「某處爲何不去」等等，彼之所答決非「是」「否」二字所可了也。故記者置問時，切須注意直接質問，務當力避；良以對手者本已不欲多言，乘此機會，卽可以「是」「否」語以塞責。例如：向一將赴某處之要人問曰：『某月某日出發麼？』彼卽可答我以「然」或「不然」足矣。如「然」，尙佳；如「不然」，則須更追問矣；遠不若逕以對手者不能一語卽答之間接質問，較爲有力。例如：前問若代以「先生什麼時候出發？」則彼至少必以何月何日爲答也。又若恐對手者萬一不答時日，則可發推測的質問以詢之。不强求其答，但求其確認「如眼看某月某日聽說先生就要出發了」之口氣是也。此不過簡單之一例。其他苟欲探詢稍爲煩複之意見時，更當鄭重發問，以冀不致虛擲此一番探詢之機會也。

(G) **談話時的意外線索**　對人談話，非必僅其所談者，可作材料。如對手者之狀態，性癖等，皆可於談話時，留意及之。有時蓋能極關重要也。更有偶然耳目所觸，卽能探得重要之新聞。例如：昔倫敦泰晤士報之名記者德霖氏（John Delane）與醫者名 Sir Richard Quain 閒話，在無意中藉知英國諾斯布勞克卿（Lord Northbrook）將赴印度總督之任。因印度氣候甚熱，又與眷屬同行，請該醫生同行；醫生因卿之見訪頗爲得意，故無心出之。此時德霖聞之，卽不以爲意；更閒談他事，漸與別去。第二日之泰晤士紙，卽以大字登載，「諾斯布勞克卿不日卽赴印度總督之任」。政府爲之一驚。蓋事初決定，非常祕密，惟首相與卿二人知之耳。故意外線索之探詢，非常重要。

　　但亦應須注意者，凡偶獲意外之線索時，第一不可深加究問。蓋恐對手者隨口話出之後，忽爾反悔，不復續說；甚或取消前說，或囑記者勿爲宣布。有例，德氏如以『諾卿願赴印度否』，深問醫者，則消息破壞，亦未可定。第二不可急遽告別；如以良材入手，欣喜之餘，恨不立時返社，忽忽告別，則亦有被對手者察覺之慮。故務守沉着態度，徐徐爲二三之閒談，然後斯得矣。

(H)　刊載否之預約　記者與人談話，從其談話中得有許多重要消息。有時有一部分，不能發表者；或有一部分須到適當時機，方能發表者。此際宜相度情形，加以約束或不加以約束之方法，每於談話終了或臨行送至客室外時，卽可徵徵問以『頃間所談者，想皆可發表乎』。所謂相度情形者，當視對手者之性情如何？不甚膽怯者否？倘不必問而問之，或問時語氣過於鄭重，必引起談話者之恐懼，而要求勿爲發表，此豈非「作繭自縛」乎？故記者對此，極應有十分之了解。蓋有時明知此類事，無妨發表，卽可不必多於一問。若係有重大關係者，又非一問不可。茲尙有變通之方法，則主張發表而允許絕不洩漏爲何人所說者，卽所謂不發表之來源，使談者可以安心焉。

　　但記者尤當特別留意，如談話之人，堅囑勿爲發表，此時記者亦可相度情形，對曰：『似發表亦無妨事，』而求談話者之取消約束。若彼人仍執非祕密不可，則記者不得不允其祕密，萬萬不可負約。否則卽失下次談話之信用，且不合爲記者之道德。但亦有要求於數日或數小時以內，不能發表者。記者既允之，卽當始終如約，而勿提前發表，示人爲失信。但在記者自己方面言之，對於不能發表之新聞，仍須視爲重要，而切記之。蓋世間所有之事實，原非盡供發表者。惟知其秘密，則於觀察他種有關係之事件時，亦屬有益。且或遇祕密性已過去，而敍述原因結果時，卽可資以應用者，故不能謂不可發表之事，遂爲無足輕重而置之度外也。

反之，更有要求必載者，記者亦斷乎不可應之。蓋有價值之新聞，如內閣總理辭職等事，自不得不載。其他如三家村中一巡查病死，雖如何囑托，亦無揭載之必要。況不問其材料有無價値，而載與不載之權，當由主任編輯之命意。且此等囑託，大槪欲眩一己之名譽，或圖作商品之廣告，其中皆不免含有何種臭味者。有經驗之編輯長，一瞥之下，勢必投諸字簏中也。如漫與人約定必載，則記者之信用失矣。若夫欺編輯長於一時，則尤爲不當。記者於此，應加以注意。

（I）忍耐與觀察　記者訪問，每因來賓已滿，必須順序俟及者；有時竟候至二三小時，而尙未得接見者，是乃極平常之事。記者於此，萬不可躁急，而表示不耐，或侮慢僕役，自失和靄莊嚴之態度。總以平心靜氣，忍耐，靜候爲要義。蓋訪問之目的，固在記取談話，然談話以外，尚有若干之好材料，藉可使腦筋不覺寂寞，又可於通信之材料中，取爲興趣之記載。例如：

(1) 注意其建築及陳設之字畫，寫真，書籍，玩品，往來電話，男女僕役之言動，秩序等，以研究其人嗜好，知識，往來朋友，家庭生活，但決不可翻閱函件，或竊窺竊聽，以免有損尊嚴。

(2) 如同座中來賓甚多，不妨擇其佼佼者，略與攀談，知其來意；或反得意外之新聞線索。兼更可觀察對手者交遊之何人，而得以窺知平時之性情與嗜好焉。

(J) 談話之速記　所謂速記云者，并非當衆筆錄之謂也。記者除特殊之情形外，切不可妄出鉛筆與簿册。蓋訪問之妙諦，全在彼此自然之談話；如以特來蒐集新聞材料之態度對之，不免使對談者，起一種警戒曰：「現在爾所云云，明日皆在報紙上披露也。」於是使彼欲言而或囁囁然，或竟中止不復續談。不寧惟是；且聽且書，卽其談話之氣，必爲筆記所奪，而對談者之丰采，亦難表現。作成之記事，實毫無生氣之記錄而已。在被訪之一方面而言，經此一番警告，至少亦必立減其以前之真實性與祕密性，間或矯揉造作，而後出之，以免除其自身洩漏新聞之責任。故優良之記者，聽到重要處，縱心中十分注意，而外形毫不驚詫，惟泰然首肯，使人敢於盡量發表；及至握手道別，離去訪問者之門後，始如飛而奔返記錄之。（歐美記者，每先置鉛筆與硬紙於外衣之袋中，與人會談時，雙手伸入袋內，此係歐美人會談時常態，並不特別。如此故與人訪談至緊要處，每摸索記之，以免遺忘。但此必穿西裝於平時練習有素者，方可行之。）如此則彼固不能知我為探詢新聞者矣。

4. 各種實際事件訪問之規律

實際事件，乃為社會公開具體之報告，外人即謂之曰：「裸的新聞，」（bare news）因為此項新聞之記載，不必記者之東問西訪；蓋其敘述之法，不無有多少之標準，庶記載時，不致掛一而漏萬也。茲依其性質之區別，分述於左：

A. 會之種類有八

（一）普通之集會

注意——關於集會之趣意書，秩序單等，務宜早行索取。

(1)會議之主開者。 (2)主開者如爲團體，其團體之性質歷。 (3)開會之原因：(常會乎，臨時會乎)。 (4)會議之目的。 (5)司會者及議長。 (6)決議案，修正案，及其議事狀況。 (7)投票之光景，及結果。 (8)演說之人物。 (9)演說與聽衆之感動。 (10)會場之情形：(出席者之人數，服裝，種類，場內裝飾。) (11)開會及閉會時刻。 (12)重要之出席人物。

(二)展覽會

(1)場所。 (2)時日及會務。 (3)目的。 (4)主開者。 (5)辦事員。 (6)觀覽者之狀況。 (7)出品之內容：(重要的，顯著的等。) (8)會場之光景。 (9)品物賣出之情形。 (10)審查員。 (11)審查之方式。 (12)賞品之授與。 (13)賞之種類。 (14)受賞者之姓名，及出品。 (15)餘興。 (16)會場內外之裝飾。 (17)入場人數。 (18)會務開支之損益：(收支概算，及與預算之比較。) (19)所得之捐款及補助。 (20)如係每年例會，則與前次之比較。

(三)音樂會

(1)開會之目的。(2)會主。(3)出席者。(4)樂長姓名。(5)順序書。(6)演奏者之批評。(7)聽衆之情況。(8)主要之獨唱家，音樂家。(9)主要之樂手及樂器之種類。(10)出席中之名士。(11)會之收支。(12)收入金之處置。

(四)夜會又跳舞會

(1)場所。(2)會主。(3)會場之裝飾。(4)來賓之先後。(5)主要之來賓。(6)惹動人目之人物及服裝。(7)主要之接待員。(8)奏樂之番組。(9)樂隊：(何處之樂隊，及其樂長)。(10)舞蹈之番組。(11)主要之舞蹈者，及所舞之曲目，狀況。(12)會之性質，歷史：(爲歡迎會或祝賀會等)。(13)開閉之時刻。(14)來賓最盛時之光景。(15)吸烟室之光景。(16)宴會場之光景。(17)當夜最有興趣之舞蹈曲目，及舞蹈者。(18)最後之光景。

(五)宴會(西式)

注意——出席者之姓名單，務於會前先向當事者索取。

(1)開會之原因。 (2)來賓之姓名。 (3)主人方面之代表者。 (4)知名之列席者。 (5)場所。 (6)時日。 (7)主賓之寒暄。 (8)會場之裝飾。 (9)婦人休息室。 (10)貴賓休息室。 (11)由休息室赴宴會場之行列：（誰某扶誰夫人之手，誰某先行，其次爲誰等） (12)着席之順序。 (13)祝辭及演說。 (14)會後之談話。 (15)散會時刻。

(六)競技會（運動會之類）

注意——秩序單務宜索取二份，一記勝負，一作稿紙。

(1)地址。 (2)道路及地面之狀況。 (3)天氣。 (4)競技之種類。 (5)會長審判員及其他之幹事。 (6)會主。 (7)入場人數之種類。 (8)各方之勝負。 (9)勝負時之新表示：（如振旗喝采等）。 (10)競技爲第幾回，雙方有無復讐之意味，又前回之情形。 (11)重要之勝負。 (12)惹動人目之勝負，危險之勝負。 (13)惹動人目之勝者。 (14)與前回之比較。 (15)次回之預定。 (16)賞品。 (17)饗應之茶菓。 (18)餘興， (19)賞品之授與：（受賞者，及授與者。（20）對於勝負之苦情，及其結果。（21）事故，（受傷者等。）（22）會後之祝勝會，又雙方競技者之親睦會。（23）當日之競技者中之世界的選手，及其履歷。

（七）慈善會

（1）開會之目的。（2）會主。（3）於陳列場做賣手之名士夫人小姐及其商略。（4）買物之名士。（5）餘興。（6）場所。（7）賣品之種類。（8）主要之寄贈品。（9）殘品之處理。（10）收入及純益金之處分法。（11）天氣。

（八）園游會

（1）主人及會場所在。（2）開會之意味。（3）出席者之類別，及主要人物。（4）音樂隊。（5）餘興。（6）裝飾。（7）會食之時刻。（8）食堂之光景。（9）演說。（10）散會時主客之殷勤。

B. 各種儀式有六

（一）船艦進水式

計者。

(1)進水之船名。(2)船之用途。(3)造船材料(木或鐵等)(4)設計者。(5)製造者。(6)所有主。(7)第一次航海何時,何處。(8)船長。(9)行命名式之人。(10)名命式之光景,場所,時日。(11)來賓。(12)建造所須之時日,體骨裝製,何年,何月。(13)登薄噸數。(14)汽機之馬力。(15)一時間之速力。(16)船身之長短。(17)造船所需之費用。(18)關於船艙之深淺,以及排水噸數等之事情。(19)艦船之種類。(20)裝運之順序。(21)乘員之數目。(22)第一航海時所裝何貨。(23)構造上與普通他船之異點,及比較。(24)進水式當日之天氣。(25)進水當日之潮汐狀態。(26)進水之程序。(27)進水時一瞬間之光景。(28)如係軍艦,則備礮之大小,與數目,裝甲之厚薄,鐙帶,礮塔,礮座等。(29)如係客船,則客間之大小及其設備,船室,船牀之數目,乘客定員等。

(二)立礎式

(1)本建築物竣工之預期。(2)建築物之性質。(3)立礎之場所及儀式。(4)此建築計畫之由來。(5)建築費之出處。(6)與式之人員。(7)建造於該處之原情。(8)建築地之歷史。(9)如係紀念建築物，則被紀念者之傳異，與該地之關係。

(三)除幕式

(1)行除幕之築造物之說明；圖案家，雕刻家，及建築家。(2)建築之材料。(3)如係銅像，則鑄造之時日與場所。(4)築造於該處之原因。(5)工事費。(6)發起者及其事情。(7)與式之人員。(8)行除幕者之姓名，來歷，及其人被選之原因。(9)演說之祝辭。(10)被記念者之傳記及事業。(11)碑碣或鑄像上所鐫之文字。(12)台石之形狀。(13)像之態度，及意匠選擇之原因。(14)係本人何歲之像。(15)式場之光景。(16)市中對於除幕之感想。(17)關於除幕之機械的設備。(18)築造物之高低大小。(19)當日天氣及附近之熱鬧。

(四)新築落成式

(1)建築物之說明。(工事費及建築儀式等。) (2)工事所需之時日：(何年着手，何年竣工，其間有無間斷等情。) (3)建築技師及關係於工事之人員。(4)建築物之名稱。 (5)建築物之用途。 (6)建築物中之裝飾，及可注目之設備品。 (7)裝飾品等之寄贈者。 (8)工事費之內容。 (9)預算與工資之比較。 (10)建築物之大小間別，及室之種類。 (11)落成式之順序。 (12)主要之出席者。 (13)演說祝辭。 (14)基地之買入，或租借之價值。 (15)餘興。(16)工事有無未完之處所；若有之，其完全竣工之預期。

(五)閱兵式

(1)參加之隊名，及隊長。 (2)總指揮官，參謀長。 (3)當日之天氣，式前之光景。 (4)行入式場，各隊之狀況。 (5)沿道及式場之觀者。 (6)主要之陪觀者。 (7)閱兵者到場之狀況。 (8)式之順序及光景。 (9)分列式之光景。 (10)有無意外之事發生。 (11)自始至終之時刻。

(六)葬式

(1)死者之姓名年齡。(2)死亡之時日,場所及原因。(3)葬式之經路。(4)葬式之順序:(花圈僧侶,樂隊及從葬人等)。(5)棺之種類。(6)主要之送葬者。(7)葬儀之種類:(基督教式或佛教式)。(8)司葬儀之人。(9)葬儀場。(10)葬儀之順序。(11)如係西式,則棺衣捧持者。(12)天氣。(13)葬地之來歷,及與死者之關係。(14)葬之順序。(15)花圈及生荼等之寄贈者。(16)音樂贊美歌,及其樂手唱者。(17)死者之小史,及其家庭。(18)如有儀仗兵,其隊名及隊長。(19)死者之遺事遺言。(20)記念物建築之計畫。(21)沿道之羣衆。

C.意外之變事等有六

(一)火災

(1)出火之時日與場所。(2)燒失家屋之數,與種類;家屋所有權之關係,土地所有權之關係。(3)原因:(放火乎?過失乎?自然之發火乎?原因不明乎?)(4)如係放火,其放火之動機;如係自然發火,其科學的原因。(5)初發見時之事情及發見者。(6)出動之消防隊，及其活動狀況。(7)天氣，風力之方向及强弱。(8)火場道路之廣狹地勢。(9)附近著名建築，又知名之士。(10)頻危之建築物。(11)人畜死傷及應急施之手術，(與此項有關係之病院，醫士，警官，又慈善團體)。(12)損害之保險金額，動產保險之有無。(13)阻止火勢所用之各種手段。(14)人命救助之狀況，又救助不得之顛末。(15)驚人目之行爲。(16)燒失區域之廣袤。(17)水之來源如何。(18)被燒家族救助之顛末。(19)火場盜賊之犯罪行爲。(20)羣衆之狀況。(21)警官之活動。(關係之警署及指揮官)(22)放火犯人之已否逮捕。(23)火災後之再建計畫。(關於此項則地主與租者之間有無糾葛。)(24)災民避難所。(25)罹災地之火災史；如係大火，則與其他大火之比較。

(二)地震

注意——急趨天文台，或專門家處，詳細詢問一切。

(1)震動之時間範圍。(2)地震之性質及其强度。(3)震源及地震之方向。(4)損害：(建築物之倒壞，人畜之死傷等。) (5)施救災民之手術。(6)悲慘之罹災者。(7)災民避難之光景。(8)上次震災之回顧。(9)山崩地裂海嘯餘震。(10)有無前兆。(11)如係大地震，則與火災項參照。

(三)暴風雨雪

注意——應赴天文台，鐵路局，各鐵路公司，汽船公司，郵務局，電話局，內務部等處，訪問一切。

(1)風之性質，方向，速力。(2)雨雪量，及降之時間。(3)溫度濕度。(4)道路，鐵路，電柱，家屋等之破壞。(5)交通機關所蒙之影響。(6)堤防橋樑之破壞。(7)爲之中止又延期之種種事件。(8)警官，郵差，鐵路員之實驗談。(9)勞動者所受之影響。(10)除雪之光景。(11)暴風雨後道路之光景。(12)罹災者救恤。(13)學校之停閉。(14)死傷之有無。

(四)船舶之遭難

(1)遭難之原因：(如係衝突，則兩船名稱與積載物。) (2)兩船之航行。

(3)兩船長之姓名。 (4)兩船之大小。 (5)衝突之正確地點。 (6)受傷之部份及損害狀況。 (7)風之方向。 (8)船主姓名。 (9)兩船之狀況。 (10)衝突之原因。 (11)衝突之結果。 (12)死傷及乘客被救之狀況。 (13)雙方信號之有無。 (14)濃霧之狀況。 (15)沈沒之船。 (16)自衝突至沈沒之時間及光景。 (17)如係蒸汽船，則機關部所受之影響。 (18)兩船水手之人數。 (19)死傷者之姓名表。 (20)兩船之乘客及其數。 (21)兩船之年齡及其歷史。 (22)損害保險及修復之期望。 (23)衝突時乘客之恐慌，婦女與小兒。 (24)救助信號，救命船，救命器，漂流者。 (25)附近船舶之狀態。 (26)悲慘之談話。 (27)勇敢之行爲。

(五)汽車之變故

(1)事故發生之時與處。 (2)如係衝突，則性質及衝突車輛之種類。(客車乎?貨車乎)。 (3)兩列車發車及到達之時刻。 (4)道路及步廊等，有無破壞。 (5)事故之原因。 (6)光景。 (7)死傷者。 (8)損害之狀況。 (9)死傷人名表。（務宜敏速調製）（10）目擊者及該車乘客之談話。（11）死骸收容之場所。（12）受傷者收容所。（13）來救之醫師。（14）司機者，火夫車長等所取之處置。（15）受損害最烈之部份。（16）該管當局派遣之重要人員。（17）救助之盡力者。（18）乘客數。（19）多數乘客之行程。（20）該線上過去之事故。（21）主要遭難者之家庭。

（六）礦坑爆發

（1）礦坑之名稱及位置。（2）暴發之時刻。（3）礦坑所有權。（4）礦坑之深淺。（5）暴發之箇所。（6）暴發之原因。（7）附近居民之震駭。（8）最初趨赴現傷者。（9）當時工作於坑口之人員，詳細訪問之。（10）於各斷層勞動者之人數。（11）暴發時坑內之人數。（12）救出之人數及被救出者之光景。（13）礦物之種類。（14）採掘所用之器械。（15）支配人。（16）監督者。（17）坑內之設備。（18）當時坑口之光景。（19）坑內探險隊最初進入之勇者，進入之人數，進入之深淺，探險之結果。（20）坑之大小，其中可作業之部份有幾處。(21)以前曾否暴發，其年月日與當時之死傷所。(22)礦山監督者之日誌，(最後記入之部份)。(23)死傷及生死不明者之姓名。(24)生存者談話。(25)從事救護之醫師。(26)死傷者之家庭。(27)最初取出之死骸。(28)死體運往處所。(29)由各方面來之慰問，及慰問品之施與。(30)該管當局人員之臨場者。(31)生存者及慘死者家族慰藉之設備。(32)收容負傷者之病院。(33)負傷最重者之狀況。(24)死者殯葬之時日。(35)關於暴發之各種學說。(36)修復工事。(37)義捐金之詳細情形。(38)坑業恢復期望之時日。(39)對於此變事之輿論一斑。(40)此變事之責任者。

D.警察之事故有六

(一)暴行

(1)被害及加害者之姓名年齡，職業住址，家族。(2)事件之經路。(3)原因之動機。(偶然乎？抑或畜志已久乎？)(4)暴行之方法。(5)場所時日。(6)與事件有關係之婦女，及其風采履歷。(調取其寫真像最佳)。(7)告訴。

(8)被害者受傷之程度。 (9)犯人被捕之程度，及就捕時之態度言語等。(10)裁判之結果。

(二)盜賊

(1)事件發生之時日場所。 (2)發見者。 (3)盜賊侵入之方法。 (4)現場之狀態及盜賊之路。 (5)家內之防備。 (6)盜賊逃走形迹。 (7)有無爭鬥。 (8)損害額。 (9)警察之活動。 (10)嫌疑者。 (11)該處最近發生之盜賊。

(三)誘拐

(1)姓名，年齡，住址，誘拐者與被誘拐者之關係。 (2)時日，場所，方法，乘物等。 (3)雙方之家族及其處置方法。 (4)突然之決心乎？暗地計畫後而行之乎？ (5)婦女被誘前與家族有無爭論及平日家庭間之事情。 (6)被誘拐者之豐采服裝，攜出之金數等。 (7)遺留書。 (8)攜出之重要物品。 (9)男女周圍所受之邪魔。(卽爲雙方媒介盡力之人) (10)雙方之寫真及筆跡。

(四)同盟罷工

(1)工場等之名稱及其所在。 (2)工場等所有主，及支配人之姓名。 (3)罷工人數。 (4)以前有無罷工情事，及其時之原因結果。 (5)工人代表之姓名。 (6)今次罷工之真相。 (7)工人方面所持之條件。 (8)工場方面提出之條件。 (9)工場與工人論爭之顛末。 (10)現在之勞合。 (11)工作時間。 (12)關於勞金及時間，近來所施之改革。 (13)與同一事業之他處，工場之勞金與時間之比較。 (14)工人團體之團結力。 (15)工人中之願復歸作業者。 (16)工人所受之慰問品。 (17)解決之期望調停者。 (18)遭罷工業務之種類，產額及現狀。 (19)新工人之雇入計畫。 (20)雇主等之威嚇。 (21)警察之處置，被召喚之主唱者。 (22)罷工者本部之光景。 (23)罷工人生活費之出所及家族情形。 (24)商業及公衆所受罷工之影響。 (25)解決後雙方之狀態。

注意——學生之同盟罷課大體準之。

(五)傳染病

(1)病名發生時日，場所及其原因。(2)發見者與發見之事情。(3)警察警戒之處置。(4)阻止蔓延之方法。(5)遮斷交通之家屋或船舶。(6)隔離者及發病者之總數。(7)死亡者。(8)關係之醫師及看護婦。(9)避病院。(10)全治者。(11)各種之消毒法。(12)每日發生之患者表。(13)死骸之處置。(14)與門前傳染病之比較。(15)衛生當局及專門學者關於病毒撲滅之意見。

(六)變死

(1)自殺或被殺。(2)被害者之姓名。(3)如係被殺則加害係何人。(4)如加害者及被害者俱不明了，則現場附近之光景，及其他可疑之事情。(5)加害者及被害者明了時，詳查其事件發生經路。(6)時日場所。(7)加害之方法及受傷程度。(8)加害之動機。(9)警察之活動。(10)被害者遺族之談話。(11)如係自殺，則求其遺書或自殺者之境遇；並與家庭及周圍諸人之關係等事。(12)自殺之方法。(13)自殺之動機。(14)自殺者被發見而不明爲何人時，則死骸及服裝之詳情。（日記簿，名刺等之雜件。）

E. 其他各項之雜類有六

（一）裁判（刑事）

注意——勿試豫斷其評論。

（1）裁判所之名，法庭之號數。（2）裁判長及陪審之裁判官。（3）檢察官。（4）律師。（5）法庭之光景，傍聽席傍聽者之多少及其類別。（6）被告人姓名，容貌，態度。（7）犯罪之性質。（8）審問之光景及其要點。（9）證人。（10）原被告律師之辯論。（當擇其有興味價值之點）（11）法庭內發生之滑稽可笑事。（12）判決，如未卽決，則宣告再審之日期。（13）有無上訴情形。

（二）裁判（民事）

（1）原被告之姓名，職業及雙方之律師。（2）爭訟之事實及論點。

注意——其他可與刑事項參照。

（三）選舉

注意——盡公平報道之任務，於選擇時尤切要也。

(1)各候補者之姓名，黨籍，政見。 (2)候補者之履歷寫真。 (3)各選舉本部之位置。 (4)運動者及其參謀指揮。 (5)是否新候補，及前回曾否當選。 (6)關係於選舉人利害之時下主要問題。 (7)運動之光景及其他地域。 (8)參與運動之各種團體。 (9)巧妙之運動方法。 (10)重要之運動者。 (11)舉行選舉之時日場所。 (12)演說會。 (13)選舉法違犯。 (14)最有希望之候補者。(要注意) (15)激烈之競爭。 (16)選舉當日，選舉場內外之光景。 (17)監場者。 (18)選舉人到場及投票之光景。 (19)與前回選舉時之比較。 (20)投票總數與選舉人數之比較。 (21)棄權者之多少，及重要事由。 (22)對於候補者之輿論。 (23)應援選舉之婦人。 (24)暴行。 (25)開票結果，當選者姓名，與得票數；若當日不開票，則開票預定之日。 (26)當選者之宴會。 (27)落選者之態度。 (28)如起訴訟則其事由。

(四)銀行之擠兌

(1)銀行理事資本金，公積金。 (2)遭遇擠兌之事情。 (3)一般存款者之職業及階級。 (4)後援之大銀行。 (5)兌現停止之期間。 (6)存款者方面之運動。 (7)解決之期望。 (8)負債額。 (9)即時收得之金額，及收回不得之金額。 (10)仲裁。 (11)暴行。 (12)銀行方面之態度。 (13)銀行之歷史，聲譽，以前曾否遭遇擠兌等事；如有之，則彼時之難關如何過去。

(五)演藝

(1)時日場所。 (2)曲目及其解說。 (3)如係新作物，其製作之人，他種作品成功之作品。 (4)如係舊作物，其作成之時代，及上演之成功不成功；又該作家其他之傑作。 (5)對於作物之一般批評。 (6)演藝之狀況。 (7)觀者之人數及其類別。 (8)最博好評之優伶及音樂家。 (9)舞臺幕音樂。

(六)鐵道開通

(1)鐵道之名及線路。 (2)如係私設，則公司總理及幹事人員之姓名。

(3)設計者及工事經過。 (4)發起人及承辦人。 (5)承辦價格與實際之工事。(6)資本金之募集，報告者幾何，已繳納者幾何。(7)股票及社債之市價。(8)該處之地主，及有志者應募之情形。(9)需款最多之工程，(購地，鑿隧，架橋等)。(10)當事者最苦心之點，(關於資本，工程，購地等)。(11)築此鐵道之動機，與沿途各處商工業之關係。(12)主要之車站，密接車站之市鎮，及相距之交通。(13)與他線之聯絡。(14)線路之里數。(15)單線，或複線，或輕便鐵道等。(16)檢查工事狀況。(檢查時日，檢查有無不合格之處；有則，曾否令其改造，及因改造所受之影響)。(17)橋樑之數，長，高寬建築材料場所，及河川或谿谷之名。(18)隧道之數，長，及其地質。(巖石破壞所需特殊之努力，及排水上之苦心)。(19)沿道及附近之名勝古蹟。(20)客車之種類。(21)發車之度數，(客車幾何?貨車幾何?混合車幾何?)(22)主要之運輸。(23)工事中之死傷者。(24)工事是否遵照設計及契約而進行者。(25)全線之平均斜度，及最大斜度。(26)有使用電車之部份否；如有之，其動力之來源及電連結之車輛數。(27)鐵道開通前沿路及附近市鎮之交通運輸方法。(28)購地之平均價格。(29)

平均一英里之工費。(20)行開通式之場所，及主開者。(31)發車之站名，及發車時刻。(是否地點同時發車)(32)主要之來賓。(33)演說祝詞。(34)對於鐵道雇員，及工人之宴饗。(35)列車進行中沿路之景色。(36)車內之光線，茶菓，裝飾，食事，土產食之分配。(87)於下車後開宴之場所及情形。(38)附近市鎮之熱鬧。

所有裸體事件之探訪，固不僅如以上之所列者；不過略述其要之數條而已。實際上之如何應用，自當記者隨時隨地之自擇也。

5. 結語

關於記者探訪新聞的方法，既說完了，現在就此作一段結語如下：

探訪消息，固為記者之不二天職。但其間與警局之偵探相較，則已大異矣。蓋偵探專以揭發他人之隱私為能，而記者則異是。即有時在某項新聞內，具述他人之經歷中凡有關名譽之私，亦以避去為戒。否則不特被人指為破壞他人之名譽，而自身之人格，亦早已隨之而損矣。蓋正嚴之態度一失，平時之信用已毀，雖欲盡力從事於探訪，然他人必見之而羣起戒心。是則記者縱有萬能，亦無所行使其職權。故人格之保障，實爲記者探求新聞之第一要務。

又關於新聞之來源，無論爲報社的，或記者的，切宜始終絕對祕密。蓋社外人之肯投新聞於報社，或以新聞材料告知記者，此乃彼信賴報社及記者，決不致洩漏其來歷，始敢時時有所供給。若不守此義，而輕以其來源告知社外之人，或陳述於官廳，此乃最不道德之事。我國報社中人每有接得外間投稿，有涉其友人或有關係者，往往卽以此稿告知，以賣情面。甚至爲敲詐之行爲，所在都有。此非但最不道德，且足使報社蒙極大之不利；因來源若可以示人，則此後卽無人再敢供給材料矣。故嚴守來源之祕密，一方面爲道德計，一方面爲利害計，記者及報社主筆，皆不可不知也。況今我國記者，在社會上所處之地位，尙未被人信任；是則新聞事業道德之確立，尤不得不多方注意，而使之日益鞏固。凡吾執事於斯業者，祈留意及之。

第五章 製稿

(一)小引

記者之職務，豈可謂專事探訪而已；於探得消息以後，尚須製成原稿，送諸報社，以備編輯之採用。故訪事員職務之範圍，乃至原稿製成付郵而後止也。在昔我國報社之錄用訪事員，每以其能否探訪新聞爲主旨，對於文筆之運用，絕不計及。故其結果，不過養成幾個「啞式的記者」而已。蓋探訪員之任務，決不全在能否探訪；另方面更須具相當之文才，製稿之經驗，以發表其所探得之消息。故其所負之責任，一方面爲報社盡量搜集材料，更一方面又須爲報社盡量發表材料。探訪祇是職務中之一部，豈可單據以判別記者之優秀，置製稿於不顧也！

歐美各報社，對於記者製稿非常重視。美國於數年前，曾辦一項初級之測驗，其結果佔良好之成績者，爲數甚少。但於探訪之活動上，卻有多數人佔得優勝之獎金；推究其故，良以訪探之活動，爲記者者，在表面上與實際間觀之，皆視爲非常重要，而肯加以留意的練習。惟對於製稿則不然。都以其表面上並無若何重要，故多加以忽視。不知製稿之難，有時竟甚於探訪十倍者。蓋探訪之活動，能知其入手之方法者，卽可矣。例如：見某人應與談何事，訪某人應詢彼何事，種種事件之標格，完全操之於記者一人之手。惟我心之所欲，絕不受他人之牽掣者也。製稿則非獨含糊之詞不可列下，卽太富刺激性之文句，亦當嚴加避去。譬之淫奔，姦殺等事，縱或明知其事，然切不可多費詞筆，爲之描寫殆盡；使讀者見之，於心不安。此非但有關風化，且於人類之感情上，易受一時極震盪之波動。又有某項事件，在當地尙在迷離不明之中，記者自己亦未有十分之明瞭，是則製稿之困難，誠非常人所可知矣。蓋徒託謠傳，惟恐失真。苟加以個人之觀察而論，則又未免太近於武斷。凡此種種，記者下筆製稿，真有一言難下之勢矣。以上所言，不過祇論記者對於製稿之困難而已。其他更有如何紀事，如何製稿，卽紀事已成，而關於原稿上應如何注意，對於編輯上應如何負責，是皆爲記者所應知者也。

(二)製稿之習慣

製稿之習慣，決非一時所可養成；文學之天才，固爲必具之要素，而系統之思想，明晰之觀察，又爲理解上所不可缺少者也。例如：事件苟無詳敘之必要，則祇記其大旨足矣。是謂之概要之記述。事件之畧近異常，且令人聞之而驚駭者，在必要時，即不得不多費若何之文字，爲之詳細敘述。要之，是皆全在於記者本一己之眼光與經驗而判斷之矣。其他更有撰稿之練習，養成下筆千言事煩不亂之態度；是則又爲記者之特別才能。今且撰其要點如下：

(A) 隨地皆可製稿　通信員乃純粹爲報社撰稿之人，以其探訪所得，筆之於紙。報社則本其紀事，即錄爲餉讀者之材料。故通信員完全爲報社材料發祥之地，其對於稿件撰述之重要，概可想矣。

隨地皆可製稿云者，乃謂無論舟車之中，宴會席上，戲劇場裏，他人縱如何喧囂擾雜，而記者之頭腦，常須冷靜自若，故隨處皆可製稿。歐美各報社記者之能此者甚多。例如國會開會，無論議員們之議論如何煩複，列席之記者，每能於座席中，詳細紀載之，維妙維肖，甚至於議員言論時之態度，亦能盡量描寫無遺。故讀者對之，即覺有無限之興趣存在，不覺其枯燥無味。我國前申報駐京記者黃遠生君之通信，爲當時一般人所愛讀。彼乃一有名之通信員；蓋彼之撰稿，無論何處，皆可下筆。不特「倚馬千言」，且各要人談話之形態與表情，亦能筆之於書；其最著名之申報通信，往往成於宴會席上。故如有特別之重要會議，每於集會終時，而其通信稿即已隨之而出矣。再不十分鐘，電訊亦已送到報社。翌日，各要人在該席之談話，早已躍然於紙上，供大衆之觀察。統計自撰稿至稿件刊出，爲時不過五六小時而已。

至於隨處撰稿之法，在我國殊較困難。蓋一般人對於記者之地位，尙未認識。譬如衆聚集會共論要事，忽也旁席有一正在下筆之記者，偶被察見，未有不深爲驚駭者。歐美雖亦如是，但於不甚重要之宴會談話會中，即可不被干預。（略具祕密性質之閣議等，自然亦在被拒之例。） 關於隨處皆可撰稿之工具，則硬紙片一方，鉛筆一支，日記簿一本而已。至於運用之手續，則非平素有相當之練習不可。

(B) 簡便明晰之行書　紀事原稿字體之最佳者，能令無論何人見之，不以爲怪癖。我國每有自命爲能文之士者，所撰之稿，非但模糊不明，且多喜用他人難識之怪字，以自誇其博學。此類人，最不宜於撰記新聞上紀事之稿件。蓋爲記者者，固無須一定何種優秀之書法，總之，當以下筆迅速，字字易認爲主格。編輯記者雖可以就字體而意像之，奈排字工人之不識何！編輯者既不能代爲一一注明，（並非不可代爲注明，實則時間上緊迫，注不勝注耳）則誤排之字必多，大費校對部之時間；或有時絕對無從揣想其爲何字，必持稿以詢編輯之人。此中周轉，豈非生出許多無謂之困難，及時間之不經濟；或有時編輯者亦無從揣度其意義爲何字，則又將奈何！因一二字之錯誤，即足使新聞大減其價値。更有因誤一字而意義相反，即發生大問題者，尤爲常見之事。故欲免除此項弊病起見，凡記者下筆撰稿時，無論其爲如何模糊，亦寧另書一字，以作防患於未成。此乃對於編緝之手續上，時間上，新聞之價値上，皆有莫大之關係。幸記者切勿以此外觀之無足輕重而忽之。

（C）　無須修改之原稿　新聞社中所最寶貴者爲時間；若記者投來之原稿，皆不合用，而須加多大修正之工作，則費時必多，使編輯部大感困難矣。況原稿多經一次手續上之翻作，即損失幾許碎屑，此猶之製衣之糟塌材料，兩方皆不經濟。

故優良記者所製之原稿，以不必修正卽能合用爲原則。如此，方能卽日發表，不至延誤時間，或被他報捷足先登。是故訪事員一面有探索消息之任務，一面又有製成佳稿之任務；旣須長於交際，尤必具優美敏捷之文才，以濟其後。是亦爲記者者，應具能事中之一也。

文字至如何程度，方能被稱爲無須修正之原稿，是則不可一概而論。蓋各社有各社之編輯方針，不能貫如一律。然記者苟能熟知本社之編輯方針，以此選撰記事通信，縱或稍不合格，亦不致多費編輯者之手續。今試述其要點凡四：

(1) 原稿文字之多寡，及篇幅之長短，務必合度。

(2) 所紀事實之前後，均合步驟，毫不紊亂。

(3) 紀事外，少插無謂之按語，與跡近武斷之評語。

(4) 紀事篇幅之沉長者，須分段錄之；首記其大概，次紀其略要，後紀其詳情。

總之，由簡而繁，便於稿件擁擠時，可以不加筆削，而隨意增删。

(D) 留編輯者修改之餘地　雖謂記者之原稿，以不必修正爲宜，然修改與否之職權全操諸編輯者之手，記者烏得而知之。例如：今有一稿，記者以爲此稿可以不加修改，卽能發排；無如編輯者視之，有非加以適當之修改不可者。故爲記者者，在其作稿之時，固宜盡力撰寫以冀編輯者之可以不加修改。但紙面上，仍宜多留餘白，以防編輯者或欲修改之。故下筆之時，其標題之前，必須留數行餘紙，以便更換標題，或加入提綱絜領之小題。其原稿之字行間，亦必距離稍闊，約兩行間皆留一行之隙地。則凡增加數語，或加大號字之標記者，皆可綽有餘裕。又寫法必依本國文字之格式，凡用鉛筆或書橫列如西文者，皆極不宜於排印校對，此種無意識之盲從歐美，務宜切戒。

(F) 時間與篇幅之長短　新聞之內容價值，半繫於時間之適當與否。例如：在前一時爲有價值者，閱一時或見他報先已發表，卽無價值之可言矣。然則此項稿件，何時應送達報社，記者必須有明確的預知。蓋遲則不能上版印刷矣。例如有時忽有要事發生，然此時已屆上版印刷之時，苟欲詳細探明後，再撰稿而記其事，則決不能刋入明日之新聞中，故不得不先略記數句，以作大概之報告。其詳細之記事，再可刊入於後日之報張。否則，非但此段新聞，對於明日之報紙爲落第；且對於後日之報紙，爲陳舊矣。

又原稿之長短，在遠處者，固隨通信員之便利。然若在本處，則可先與編輯長接洽，限定在若干字數以內。蓋過長則又須犧牲他稿，而延長發表之時間。歐美之大新聞通信員，卽在他國偶遇一重要事件發生，亦有先發簡單之電詢，以待部長之訓令，而後定續詳細之程度。故各國之通信記者，關於原稿之製作，如何時以前須用，及以若干語爲限等，每先與編輯長有一度之接洽。然在我國報社中，尙未講究到此。故記者撰稿之時，祇求修短合用而已。

(三)原稿內容應注意之點

上節所論，乃祇述原稿製作之習慣。原稿內容之應如何佈置不與也。考新聞稿之製作，與他種文字相較，大不相同。例如：學者學術之研究討論，首重精緻之思考，與綿密之推理。語調既可隨作者之自便，更不妨用較爲高深之文理。故一篇文字之有無價值，但觀其說理是否明晰，言論是否暢達而已。然欲擬之於新聞稿，則不可矣。報紙記事，概以供給讀者消息之報告。是以光怪陸離，氣燄萬丈之文詞，不適用之。詳言之，新聞記者之製作稿件，非惟不能若討論學術文章之存何等成見；且於詞句之構法，尤當便於普通人之誦讀。因報紙爲普遍的，公衆的，決非少數人所私有的也。今揆其要點，列舉原稿內容應注意之點於下：

(A) 文筆明快　新聞記事，貴能速讀。速讀云者，卽使讀者不費何等之腦力，卽能了解其意義之謂也。是以行文以明達暢快爲主旨。至於遣詞，雖無暇施以推敲琢磨之工夫，然於大體，決不可缺乏修飾之匠意。近則我國語體文大興，對於通俗文字之作品，固有不少之裨益。然因國語尚未普及，各處語調，名詞，各不相同。故應用之利，反不若淺近之文言文較爲適用。更兼語尾太繁，不慣之讀者，反覺其語氣梗澀，難以卒讀。至對報社言之，亦以語體文字面上太不經濟，用之紀載新聞，不能稱爲十分便利。故現今各大報社，仍以採用淺近之文句爲多。此亦酌量情形之一法也。

(B) 簡潔　蒐集記事材料，固以應蒐盡蒐者爲原則；而製作文稿，亦以應捨之北京通信一篇錄之於後，亦參考上之一助也。

『囍日日記（一）

俗語有所謂重喜日或雙喜日者，若中華民國二年十月初十日，可謂之重喜日，或雙喜日矣。蓋大總統就職是此日，共和紀念國慶日亦此日也。此日此日，其爲吾民國永遠紀念之日矣。

然此最可紀念之日吾曹新聞記者，乃有兩重厄運：一，慶祝大總統就職之慶祝員須穿大禮服。是日（初十日）晚間，外交部荼會又須穿晚禮服。保存國粹之吾曹向以對襟馬褂爲大禮服者，至此乃不能不東西借湊，成兩套之禮服。其困難不下於大借款矣。

十日午前八時起牀，外徵雨滴瀝；而疇昔之夜，大雨傾盆，街市中泥深三尺矣。吾曹乃如古禮壯者之始第一次冠戴高帽子，第一次穿大禮服，御車而出，繞順治門入御河橋赴北海；由金鼇玉蝀（北海中牌樓之名）而出，蜿蜒以至於西華門之午門。蓋前門一帶路線，因閱兵而暫絕交通故也。沿途以雨故，行人殊稀。余之前，有一馬車一騾車，皆赴參禮者；而最奇異者，此騾車乃奮迅於馬車，余之洋車其速亦不下於騾。蓋是日全城馬車賃貸一空，余之不知姓名之同伴，乃不能不雇此緩於騾車之馬車以往，亦足見事到緊急關頭，則騾車亦可當作馬車跑，視御者何如耳。

至御河橋一帶，則車馬漸多漸魚貫，警衛之軍警亦漸盛；沿途皆樹榜示，告行人以赴西華門者從此路——從此路，余最所感佩於北京警察者，卽此等處矣。

至西華門下車後，門前有金華輝煌之警衛，有禮服燦爛之部員，共同查驗，查驗慶祝員劵，查驗警衛門證；查驗徽章。吾儕乃深知泰西古人制作大禮服之妙用，蓋非此即無許多口袋懷藏如許證劵也。一金冠者，驗余慶祝劵而詳讀之曰：——職位——新聞記者黃遠生，乃與余目禮而進之，吾乃私心喜自負謂此金冠之武士，實對於吾曹之新聞記者加以尊禮，以余等職位至尊故也。

入門步行，則見無數之戴高帽子著禮服者之三三五五而進，亦有愛惜大禮服而遮洋傘者。既入門，兩側左右皆行政官司法官休息室。中階之右側，則議員休息室，中外新聞記者休息室，蒙藏市民代表室；又銀行團休息室，則在議員與新聞記者之中間。余笑謂一議員曰：吾曹與諸君同是輿論機關，接席而居，差可無慚。若彼銀行團者，吾曹敢與之比肩哉。

中外新聞記者休息室中，日本人略多，歐人殊稀。內務部對於各休息室皆派招待，余是日因穿大禮服，適忘帶紙煙，乃向招待員乞一紙煙。吾人因此一煙之微，乃不能不佩內務部之德政也。

雜談——幻想之中，視時表已十時十餘分，而總統至矣。導以金冠藍服持戟之武士約二三百人。總統乘八人肩輿；復導以四輿，即侍從文官梁士詒夏壽田，侍從武官軍事處總長蔭昌，次長唐在禮是也。夏君亦總統府祕書，湘人，專掌與各省軍人接洽事，其名字新見於吾之通信，故述之。

少頃，吾儕乃隨接導者，自休息室魚貫而又入一門；此門之右側，乃清皇室代表（溥倫）休息室，左側乃各國公使休息室。余斜見各使休息室，博冠袞服已燦爛而煊華，意其已畢集矣乎。

休息室中，入後乃分東西兩側面立；國務次長局長高等文武官員等立東側，吾輩及銀行團及其他官吏等立西側，議員則居中而立；此處謂之禮堂，即太和正殿也。殿中有一檯，「禮堂」二字，即懸於檯上，前此室座交叉以國旗，吾儕立西側最偏，故檯中光景不甚明瞭矣。吾曹入而排班時，金冠藍服持戟之武士，即導從總統入門者，分向而立於兩側之前，排班既定，贊禮官程克，按照禮單一一唱贊。其先總統入席立臺上，（對議員而立）宣誓——讀宣言書——鞠躬——唱萬歲而禮畢矣。

「余誓以至誠謹守憲法執行大總統之職務，」此遵照總統選舉法所定而讀之誓詞也。先是儀節單本定議員亦立兩側，與吾曹同等者，就職之前，曾演禮三日。參議院議長王家襄，於九日特往爭之於朱啓鈐等曰：議員係證人資格，不可與行政官同立；宜居中聽總統宣誓，否則將成爲憲法問題。於是乃改側立者而中立焉。後又有報館從而論之，謂議員與議院異，議員亦一個人，不得於院外行其議員職務。總統仍應向國旗宣誓，不應向議員宣誓，可謂吹毛而求疵矣。

宣言書極長，總統捧而宣讀之，故亦極費時光。總統精神甚矍鑠，音吐甚朗，軍服燦然。余左右外人聞讀至所有前清條約協約私約等，一律遵守有效，爲之欣然。

以余儕立西側最偏，爲大衆所不及見。故中人及日人中於鞠躬時頗有闕禮者；惟西人則如禮而鞠躬，有以見忠信篤敬之教，惟歐西人守之最篤也。

禮畢後，慶祝員乃同赴武英殿茶會，據規則凡慶祝員皆得赴茶會。又有非慶祝員，而由國務員特別招待另具請帖者，「武英殿茶會」此五字何等冠冕。不料入殿後，惟見高帽而禮服者，重重疊疊而立。但見人形，但聞人聲，不見食品。余未早食而出門，此半日之日，計全恃此一茶會，乃努力向人叢中窺探，始得見一僕持了滿盤之甜麪包，沿途搶掠，適至余前，余之良心乃命余搶取三塊，分出人叢而立食之。出時，劉成禺汪彭年湯漪等指余而笑。嗚呼諸君！乃不知人到饑餓時，其可笑乃有百倍於我者耶！是日議員到共四百餘人，國民黨人甚多；其餘之不到者，或因雨，或因大禮服沒處借也。

余之一生，乃已有二次得見總統就職之光榮；第一次袁總統就職，即在石大人胡同迎賓館，其時蔡元培汪兆銘為南京代表。邇日光景甚為寂寥，與此日之盛大莊嚴者迥別。二者相較，令人已感知吾中華民國，已由華路藍縷之時期，入於重熙累洽之時期，此後莊嚴民國之現象亦當若此耳。

參禮畢，時約十一時三十餘分，此後為總統見外交團，見清皇室代表，慶祝員不得見之；余乃借武英殿側內務部招待員辦事處之電話，拍發專電報告，時已十二時矣。

（二）

十月十日午後四時，余偕友人赴先農壇，觀看第二屆共和紀念會之光景。蓋因是日天雨，殊異常寂寞，然其中之人物風景，實今昔大異。去年之琉璃廠，舉行第一次共和紀念會，陳家鼐爲會長，田桐白逾恆諸人之奔呼忙碌，浪人之雜劇，——女學生之跳舞，——長日不息之演說臺上之奇異之演說，今皆不可得而聞見。圍棋一枰，而斧柯已爛，吾輩殆在此觀棋者耳。

先農壇憶係今年新正時開放，先時祭器，並度置爲一古物陳列所，盆缶爐磬之列雜具，余輩不識古董，故無從別其高低，然聞其上者亦已秏散矣。新正時，余曾一往覽，今雜植之柳樹，已鬱然立於兩側，京市人議以此爲公園，今已森森然有公園氣象矣。其對過卽民國唯一紀念之天壇憲法委員會也。

祭室中以王天縱之對聯最多，一人至三四副，所書縱七豎八，殆先生之親筆耶！有一聯最佳云：畫虎僅成皮，願諸公毋在莒；墜驢還失笑，喜今日得見重華。署名陳止恭祝。新烈士之肖像，以此次殉難之余大鴻，湯則賢，吳紹璘等爲最著。其他武昌革命時紀念諸偉人肖像，似皆雜取商務印書館售品及太陽雜誌中揷圖爲之者。黃興孫文諸像，則一律閉置之於一室焉。門外有雜戲二座，人甚寥寥，蓋皆因天陰之故。歸途李六更先生者，率三四小童，挈共和演說團之旗，振其木鐸，疾走而前。李六更先生之人，不可不介紹於諸君。其人手持木梆，署曰木鐸，謂將以醒時人，共悟共和眞理，每月輒將演說事蹟，呈報教育部。余一日遇之於途，見其坐一洋車，而諄諄與車夫講說：我們都是一樣的平等的，車夫唯唯不絕，蓋亦今世之一畸人耶!

歸途遇西洋人冒雨而赴者，三五不絕，蓋歐人於此等場所，最爲注意，以爲是考察此國政治社會之最爲便利的所在。余同行之友一憲法委員會委員告余曰：會中因禁絕旁聽，故赴覽者殊稀；然西洋人日輒三四起，流連不去也。

歸後已六時。九時半爲外交部之茶會，請帖用孫寶琦出名。座設外交部新公所，卽石大人胡同有名之迎賓館，今正式總統袁公最初之公署也。是日所招待者，各國公使，——公使夫人——各國銀行團商界報界之重要人及其夫人。——中國之國務員——各高等官，——議長，——議員，——商界，——報界各種人物，——及是種種者之夫人，胡維德在外部時，曾舉行茶會一次，然未有如是之盛也。

大抵吾曹新聞記者，最喜赴此等宴會，以人物範圍廣，則剌取材料最便也。諸君讀報者一目而下，輒怪某報新聞太少——某記者通信太少，殊不知訪取新聞之難，往往奔一日，不見一人不得一事者，須知盤中粒粒皆辛苦，此之謂也。惟此等茶會，則新聞記者最大之秋收，自己有吃有喝乃是小事也。請帖中限定穿晚禮服。是日爲中華民國之二大紀念：一總統就任，一國慶日。在余一身，亦並得二種大紀念：一早間第一次穿大禮服，一晚間第一次穿大禮服是也。

入迎賓館之門，則見孫總長寶琦曹次長汝霖分立而肅客，一一握手。其右側則比較的舊式之孫夫人，比較的新式之曹夫人在焉，一一握手。記者與貴婦人之握手，自某日陸子欣夫人外，至此爲第二次矣。

孫總長語余，是日天安門閱兵成績極佳，外使甚欣賞，閱後約余（孫君自謂）同往照一相爲紀念。數語後，余乃退入客座，則見峨冠而博服者，——勳章纍纍者，——金紫而佩刀者，——玉冠霞裳舉步而搖者，已組織而成隊，每令人有人間何世之感也。

是日各國務員及大抵之高等官，並得授勳章不等。故華人中，除吾曹白丁者外，大抵皆佩服纍纍然。吾入時見汪教育總長，正與一人論勳章當內東或外東事；謂晤熊總理云見一書當內東，而陸子欣云當外東，後又有人云見一書有時可內東可外東，聞者謂之哄然。

後乃相率入樓，電光炯爛，照耀人身之金紫，倂成異色。余入一室，與一友人論一事，見有矚目之一西洋人，扶一相者而入，友人告我曰：此滙豐之總支配人，綜攬東洋財政之大權，其目卽以銀行故而有疾者也。嗚呼！余輩之不盲者愧死矣。

樓上音樂大作，貴賓男女各行跳舞。凡跳舞，男女各一，然不得夫婦自爲之。必求其所熟識之男或女爲之，無者則介而求之。——凡跳舞人一堂中共數組，或十數組，隨音樂低昂，不得亂節，——凡跳舞之婦，大抵袒半臂，男者不得觸其胸，觸其裙，否則大失敬。——凡跳舞有種種名，今夜所演者，大抵兩步轉法，謂兩步一轉身，三步一轉身也。

一友爲之大感服曰：西洋禮法最佳。此等社交，樂而有禮，男女和合，故最能怡悅心情，較之中國人每會必爲牧豬奴等戲者大異矣。故必此等社交發達，而後風俗移易，此醉心歐化者之說也。

是日跳舞蓋十數次，凡一次以音樂一節爲起訖。某西洋派云是日音樂太簡，故不能極跳舞之妙也。

華婦中以謝天保（西醫）之夫人跳舞最多，男子中則見外交部參事顧維鈞（卽唐紹儀之東牀）亦時上下其間。日本夫人中則水野參事官之夫人與一西洋兵官合組，劉成禺之夫人亦在其內。劉夫人乃美籍也。

劉君語我，彼在美國學跳舞三月不成，其師罷去，余笑語以君體段而可跳舞，則真天下無難事矣。劉君極魁梧，而其夫人乃極清臞，余頗恨是日陸子欣夫婦未到：蓋陸君極清臞，而其夫人極肥碩（法國籍）與劉君夫婦正天然[illegible]絕好對照也。陸君是日爲總統就任時之大禮官，或因贊禮勤勞，闕不赴席歟？

中國貴夫人中之至者，有顧維鈞夫人卽唐紹儀女公子，有唐在禮夫人，謝天保夫人；其他余多不識，蓋皆社交界之花也。梁士詒偕其夫人後至，其夫人仍舊式服飾，女公子後焉，大有老氣橫秋之概。

樓上下皆置食堂，任客立食，取之不盡，用之不竭，與武英殿中茶會大異，畢竟是外交部外交能手也。

此室至十二時後乃紛紛散去，歸而酣寢，夢見種種，以是日一日生活最爲複雜故也。

十一日上午天晴。

出門，見市中光景與日昨大異，繁華熱鬧，不可殫述，各城門外之牌樓，各衙署，各大商店彩樓瑤樹，與旭日相映射，行人立觀者人山人海。總統府綵樓最富麗，並結彩紙燈於樹，約十丈外，外人之金冠華服赴府道賀者不絕。

是日情形，一言蔽之曰：繁華熱鬧而已，故不具述。午後過東城，觀英人哈密斯敦馬戲，藝人至能於自由車上翻筋斗，至能反輪而跳。至於車上作種種舞，至能調馴虎象令隨音樂之節以舞。座中華人最稀，可見是日人事之忙；余獨念中國今日亦必如此之馴獅伏象奇材異能，或有濟耳。

謹拜手以賀曰：正式總統萬歲！中華民國萬歲！』

觀其上篇之記載，事件之繁複，語調之簡潔，佈置之適當，興味之濃厚，誠不愧爲名記者之手筆矣。

(C) 通俗　報紙之文字，以多數讀者爲對手，非以少數專門學者爲對手，故貴通俗。卽史耐菴所謂『無賢無愚無不能讀者』是也。歐美報紙中之特殊文，如科學談論之類，皆以淺顯有趣之筆述之，專門家視之，雖不足道，而一般人之頭腦中，則易被灌溉多少之智識矣。故歐美稱此種文字，爲安樂椅上之科學法。

(D) 思想獨創　新聞記事中，含否獨創之分子？卽優秀記者與凡庸記者之鑒定點；同一人物，同一事件，凡庸記者常甘守腐套；而優秀記者則必努力冀拔流俗之一頭地，卽對於事件之觀察，正確精細而記述之際，更取極清新又稍帶個性的筆調，是謂之獨創的文字。如黃遠生所作之新聞記事，幾乎逐字逐句，俱有與衆不同之處。此卽深得獨創的妙味者也。至於如何可使記事中含獨創的分子，則法國自然主義之文藝家弗路伯耳之言，良足爲法。其言曰：『欲描寫各種事物，必先以充分之注意觀察之，觀察既久，則他人所看不到所寫不到者，自能發見，縱在極細微之事物中，亦無不然。——』

(E) 人生的色彩　記事更須映帶許多人間生活的色彩，例如：無端揭載氣流之講演（專門家之論文不在此例）則願聞者必少。若値飛行機墜落，駕駛者慘死之際，而附說氣流與航空之關係，則人必爭讀之。氣候變化時，說生理衞生上之必要，當無不歡迎者。又如旅行記者，若專以描寫山水景色爲主旨，或僅考察山脈之起仆，山峯之名稱，河流之沿革等等，而鮮有道及政治風尙民情者，亦不適合於報紙。不甯惟是，報紙中一切文字，槪不可不使與人類——社會——時代之各方面相接觸，及與社會實際上之利害，爲著眼也。例如：列車衝突，讀者見之，必欲連想「曾否有傷乘客」。蓋其注意點，乃此項事項發生後，究與人類有何等之關係。故此時苟易之以揭貨車相衝突，則雖亦爲有人生色彩之新聞，然較之列車相衝突之直接與人類生命上發生重要之關係，已遠不及如列車相衝突之容易引起異常之驚駭。觀此一例，卽可作爲明證。

(F) 祇具觀察而不加批評　新聞之製作，以不加批評爲原則。蓋訪事員之職務，只在供給消息。若批評則評論記者之事也。故訪事員之報告消息，純爲客觀的調查；所得之實狀，而不以主觀的意志左右之。或虞材料之過於乾燥，則可略加觀察，以預期此事前途之如何發展。此固爲必要之事。然苟非有豐富之學識，眼光，經驗者，不能爲此。如昔年黃遠生之記事，每加略帶多少之主觀色彩，然其所謂「主觀，」乃第三者之「主觀，」實際上仍爲「客觀。」且此種帶主觀色彩之記事，乃屬於印象一派者。此派記事之作者，譬之以其頭作活動攝影之機器，影片攝得後，一一於報紙上演出之，且演且加以相當之說明。而其立言之地位，常在影片之旁，並未置身於影片之中。然有時，其人忽入影片之中者，乃爲表示其如何攝得此影片之計耳。

對於此層有須注意者，則萬不可於未明周圍之各種情形時，卽遽加以一定如何之武斷。否則縱或記者心志上，別無他變，外人之誤會，卽以此爲藉口矣。此乃切當留意者也。

(G)信實　此項在新聞之成分中，早已言之詳矣。然何以不慊費詞而更欲重申其義者，乃因我國之爲記者者，素時對於是項幾無絲毫之重視，故不得不高聲再呼，以冀進於改革之途也。

人之所以不憚麻煩，每日披覽報章者，其必限於時間，不能親趨四方，以求時事，故賴報章爲其傳述。若其所載不能信實，則必棄之而不讀。今日中國新聞事業之不能猛力發展者，殆亦爲此。嘗聞閱報者曰：「今日某報所載某條專電確乎，何不見於別報耶？」蓋由疑難而生厭煩。新聞而令人厭煩，猶可望其事業之發展乎？故欲新聞之發展，必先令人信任其所載之新聞；然欲令人信任其新聞，必先信實其新聞爲始。

我國近日之報社，可謂備有造電之專員；每日根據他埠之報紙，或本社之通信，及個人之意測，製造多種多樣的電報。且有故將某電之某字，模糊印刷，附之以註曰：「此字電碼不明。」某日或專電員如因事未試其技倆，則於該欄標以「本日專電未到」之語句。最可怪者，曾見上海某報，以通信社之電報，作發電機，卽將通信社電報之文字，稍加變更，充當專電是也。猶憶一日某外國通信社，有一電報卽「南苑飛機由清宮上空擲炸彈斃犬一頭」之事，而該報電員，於變更文字之際，改「犬」爲「狗」，彼殆以「犬」與「狗」有何等之區別，就此可以掩蔽讀者之目歟？此種自欺欺人之手段言之深堪痛心！況造電一事，由法律上，道德上言之，皆爲不許。至欲朦蔽讀者，則昔雖可一時被騙，今者稍具常識之人，幾已無不知其眞相。苟明知讀者之不可再欺，而仍欺之，是非欺讀者，適乃自欺而已。且因慣造僞電，卽有實在之專電，亦必爲讀者所輕視。何勿以此貴重之時間，致力於其他之新聞記事，則旣可免作僞心勞之苦，更可騰起報社之威信。不此之圖，而欲報紙之被人信任，豈可得哉？

上述數項，論原稿內容應注意之點，已可謂得其大概。雖不能謂爲盡然，但苟能做此而行，亦已能被稱爲善於製稿者矣。

(四)文稿之實地製作

報紙文稿之種類繁賾，然大別之可區爲四：(一)論說文。(二)敘事文。(三)特殊文。(四)趣味文。茲編乃述其製作之法者也。若欲一一條析而詳說之，殆非專書不備。故今祇謹擇其各種文例之重要者而舉之，讀者能神明其理，於製稿一道，思過半矣。

(A) 論說文　論說爲報紙威權之集中點。報紙之所以具有代表輿論，指導社會之資格者，全恃乎此。換言之，論說者，報紙之靈魂也。故報紙而無論說，直破殘軀殼之死體而已。歐美之大報社，一篇論文，即能射破政治上之黑幕，解除當局者私利的理想事業，乃爲尋常之事。至若一國政治經濟中心，報紙之論說，其論旨範圍之廣大，或與國際問題有關者，則立據以報告其國之政府。故論說之勢力，對內可以支配羣衆，監督政治。對外可作國民外交之公牘，民情意旨之總滙。其勢力之巨，在報紙上實占首席。

論說文之製作，與專門研究學術之論述不同。取材宜以多數人尙未周知之問題，提撕而論究之；命意措辭，尤貴淸新平易。文字須通俗，語調宜有系統，立言切戒漫罵與過甚；然又不可含含吐吐，欲言不言。在事物之重要處，宜簡決直入，揆其要害，正如利刃斬薪，詳細剖解之；斯則論說文之價値高矣。

至於製作之習慣，與其巧而遲，無甯拙而速。千字之論說，大抵以一二時間脫稿爲常例。倘遇重大事件發生，則往往於原稿截止之半小時前起草，斯際論說記者之構案須極迅速，不再擱筆後，無返讀之餘暇，急不待時，且有時隨書隨卽發排者。一篇之首尾，亦不能有整篇的觀察。故若夫學究派之作文，「低吟暗詠，徘徊耽思」必須一日二日，始成一稿者，記者萬不能如此也。美國之論說記者，常口授論旨，令速記員記之，而紐約亞美利加報（American News）之一論文記者，更因速記員往返不便，將論旨由電話中相授受，然後使速記員聽而記之。此又別開生面之論文製作法矣。

近視我國之讀報者，大有厭棄論文之傾向。良以我國報紙論文上，黨派的色彩最濃，且常不計及民生疾苦之社會諸問題。對於政治上，亦不過徒論無責任無價值之放言空談而已。其唯一之工用，乃爲塡補餘白。卽有佳構，亦每係演繹之結論，與報紙論文之性質上大不相同。言論之不被重視，此亦原因中之一也。

論文之署名問題，頗爲從來新聞學界所重視。然英美各報社，大抵採用不署名式，今日日本亦已倣行之矣。考此制爲英美新聞界所首創者，其理由謂署名僅區區個人之名譽，不署名則堂堂一社之名譽也。本諸記者之責任，固應爲報社發展時譽，故可發見下列二要件：

(1) 論說文之性質，旣爲對內對外之民意表現；專主提供或解釋一切之問題，與個人之研究發表相殊，自不須署記者之名。

(2) 縱謂本報爲政黨之機關報，則一社之論，卽一黨之論，更無署名之必要。惟社外來稿，乃爲一種之特殊文，其刊登後之責任，著者負之。故當然須署名，自不待言。

(B) 敘事文　敘事文貴乎明晰，夫人而知之矣。然所謂明晰者，並非敘述單調，描寫簡略之謂也。乃須具相當之條例，令人觀之而不覺其紊。縱所記之事，千頭萬緒，而記者之紀事，總以不失紊亂爲第一，俾讀者可以一目瞭然。蓋敘述之法，雖或不同，其便利讀者之閱看一也。

敘事文之範圍最廣，種類最雜，試觀各報所載，除論文及關於學術研究等之少數外，其他均可目之爲敘事文；其關係於報紙，亦較他種文爲密切。而記者對於敘事文之製作，亦不得不更加注意焉。

我國之報社，對於記者敘事文之製作，太不重視；彼等徒知以事實爲中心，其他毫無顧問。故一稿到社，編輯者但問其紀事之詳確與否，而不顧其敘事之得當與否？因此，現今之所謂要聞通信者，非特咭啒難讀，且有「讀了半日，尚未知其所敘何事」之歎。如是，新聞既失傳播之效果，讀者亦不能得絲毫利益，求新聞事業之發展，其可得乎？報紙本爲公衆所發行，故其編製之繁簡，文字之深淺，當按公衆教育爲標準。今吾國報紙所載之新聞，除專電爲分條短句外，其餘皆長篇累牘，不分段落。間有糟雜至不可言狀，而彼則以爲記事詳細。不但見之令人生厭，若逐一遍讀，則非半日不能畢矣。此種弊病，誠當加切實之改革。

(C) 特殊文　特殊文 (special articles) 之爲用，乃補報紙上新聞紀事之不足，而挿以多數人所嗜好之文學或科學上之作品。蓋自通信及印刷事業進化以來，新聞社若僅以傳播時事爲宗旨，則決難生存。此要義之先決者，厥爲英美。近則我國報社，亦漸重視之。如各報之尾端，每有性質不同之附刊，以記載各項關於學術方面之著作或小說等。

特殊文之執筆者，大都仰給於社外之文人學士，報社卽酬以相當之筆墨資。苟社內記者亦有作此者，歐美規例，皆於本俸之外，另給稿資，日本亦然。

至於特殊文之製作，則因各項作品性質之不同，不可一概而論；又非本書範圍以內，茲特從略。惟此項文字之刊登，每必署作者之姓名。故特殊文又可稱爲署名文。(signed articles) 歐美記者及一般文人學士，多以作此類文字，爲一種之榮譽也。

(D) 趣味文　趣味文 (human interest stories) 者，以趣味爲本位之新聞記事也。普通新聞記事之大目的，在傳播時事，趣味文字則多有與時事毫無關係者；惟其所據，仍爲事實而已。至其種類，殊難一一指出。大抵因事而異：時而爲喜劇，時而爲悲劇，時而爲滑稽劇，質言之，此種記事，殆包含多少人生情感於其中也。一般讀者，常隨所好而選擇。己所厭者，決不顧之，而對於包含人生情感之趣味記事，則未有不愛讀者也。

趣味文更能使讀者觀於時事後，必進而覺其饒有樂趣，以促人注意。例如勞工問題，徒以始末紀載，則人不注意，若以罷工經過之趣聞，或工人之慘史，特立標題，以側筆表寫勞工問題之重要，則非特問題之本相不失，且足以引起讀者之興趣。歐美記者亦常作關於各種動物之記事，卽如動物園之訪問，將滑稽之猿，莊嚴之虎，與夫天真悠悠之象，酣夢沈沈之獅等，輕快敍述，居然一二欄之趣味記事，堂堂六尺之夫，輒瞪目而凝視之，蓋求精神上之安慰，乃人類通具之性質也。

至於趣味文之製作，於普通尋常記事製作之要則以外，又必施少許文學的手法，彷彿短篇小說冒頭，宜擇一近於特奇之筆調，其內容或敍會話，或寫暗示，如聽作者之便。但或有悲哀，往往過於誇張滑稽，則動成無價值之戲談，是不可不愼耳。

上述四則，不過取其概要言之。蓋製稿之思想手腕，組織，悉皆繫於個人之天才，不可執一而論也。故各人有各人之思想手腕，組織；其爲文也，亦各人有各人之不同，切不能以若何之規律而束縛之也。前之所論，祇能稱爲大略之綱要，授人一種捉摸之途徑而已。

第六章　測定新聞價值之標準

新聞有報告消息傳達學藝的性質，故其價值之强弱，亦以所含二者成分之多寡而判焉。然舍此以外，更有所謂興趣問題者，亦占最重要之地位。何謂有興趣之新聞？則一言以蔽之曰：凡能滿足我人之希望，幷能引起我人之情感者，卽爲有興趣之新聞，間接更可謂有價值之新聞。反之，涉私他人，使讀者對之感受不快者，卽能減殺新聞之價值，茲分述之如左：

1. 如何測定新聞之價值

關於測定新聞價值之標準，前美國哥倫比亞大學（Columbia University）新聞學教授德列亞博士言之最詳，今摘要而述之如下：

(A) 異常之事　凡背乎人類生活常態所發生之事，無論於何處發見，皆易爲人衆所注目與感動。蓋一般人之日常生活，苟純以循規蹈矩從事其事業，則吾人對之，決難以引起何種的感懷，故必至其秩序破壞，或有若何之暴行，然後有興趣之新聞出矣。因此，乃背離人類生活之常態者也。例如：多數銀行員皆能誠實服務，不成新聞也，必待其中突有一不誠實之人出現，則始能被稱爲新聞矣。又如多數之火車，出發後安抵目的地，不成新聞也；必待忽有一火車，突然於中途破壞，或因故遲到，則亦能成新聞矣。總之，凡事違反常律，或因破壞秩序而犯罪，或因一旦事業成功而被人贊許，此驟時間之變化，乃出於他人意料之外者，皆爲重要之新聞。

優良之記者，每能於尋常之事件中，看出異常之部份，而猶得重要之新聞，稍一下筆，卽能引起讀者之興感。例如：街車與育嬰車相衝突，育嬰車中之嬰孩，突然拋出於外，而仍能如車中之原狀，橫臥地上，絲毫未受傷害之事件，乍見之，固極尋常之事，然以嬰孩旣被拋出，而仍能安臥地上，未受絲毫之傷害觀察之，則極異常之事也。蓋此時苟能以略加質疑之筆意記之，卽不難成一有價値之新聞矣。又如一盜入某家行刦，盜去物件不多，遂卽被捕，此事甚無若何新聞價値之可言。然苟易之謂：該盜係由破壞玻璃窗中身子探出時被捕者，則較爲異常而有興趣矣。或更謂：該盜乃衣基督教救世軍之制服，故於盜出物品中，將聖經一書，擲還原主，則愈較有興趣矣。要之，凡出人普通之思想，而發生之非常事及奇怪事等，能使人於某時間內受强烈之情感者，方能稱爲有價値之新聞。其他概可類推。

(B)愛讀者之人數　最佳之新聞，卽爲貽最多數人以最大之興趣者，換言之，新聞之有否價値，觀其愛讀者之人數，卽可知矣。然如何方能博得多數之讀者，則須視此項新聞直接或間接與多數人有若何關係，及是否爲大多數人所欲知之事。例如：現在之北京各機關之經費，非常艱難，欠薪皆達數月之久，故當內閣更替之時，財政總長果屬何人，極爲一般政界所注意；因爲財政之有辦法與否，與彼等之生活問題，直接大有關係也。又如忽傳財政部停薪之消息，則惟財政部人員非常注意。若忽有各機關一律停薪之消息，則北京各機關之人員，始皆起而注意矣。是故祇言財政部停薪之新聞，其價值不及言各機關一律停薪之較爲重大也。因前者注意而愛讀者之人數，遠不及後者之多耳。又如耶穌教徒會議之新聞，其價值不及宗教聯合會議之大，因前者有關係而感興趣之讀者，殆只有耶穌教徒或與耶穌教徒有關係之人。若後者則各種宗教皆有關係矣，故其價值，亦因之而增大。然各種宗教聯合會議之新聞價值，又不如國會開會製憲之大；此因宗教聯合會議，只限於與宗教有關係者，方感其興味。而國會製憲，則利害關於全國之人民，無論其與宗教有否關係，蓋其範圍又比宗教聯合會會議所包含者又大矣。明乎此理，則新聞之價值與讀者之人數有何關係，可以不言而喻矣。

(C)與讀者地址之距離　某地方人對於某地方事，方有興趣。而對於其他地方之事件，總不能如與己有關係之事之較爲有興趣。蓋所謂新聞之興趣云者，恆以事件發生之場所，與自己距離之遠近，而差別者也。距離愈遠，新聞之興趣愈淺。反之，距離愈近，新聞之興味愈濃。譬之：投石於水，生最大之波紋者，爲投石之場所，愈遠則波紋愈小矣。故對於事件之印象，自以其所在地或附近處之人爲最强烈，卽此理也。又如鄰居失火之新聞，雖係小火，然同時苟易之謂離此幾千里外之都市，全部燒毁之新聞，總不若距離較近之事，爲更有趣味。故新聞之價値云者，又決不可祇謂發生之事大者，其新聞之價値亦大也。日本地震，可謂事之最大者矣，然苟易之以上海或北京地震，則其新聞之價値，不是又當更甚於彼乎。美國米棱里大學教授赫德氏（Grant Hyde）嘗言：『凡人每多感種族的地方的利害關係；因是起於自身附近之事，每覺其甚有趣味，否則，卽因所離愈遠，而愈薄矣。』故驗之吾人於每晨披覽報紙時，必先擇其與自身略有關係者讀之。蓋多數之讀者，對於新聞之觀察，皆以自己爲中心，此中心之周圍愈近，斯能對之感情愈切，故報紙之紀載，大凡本地之事，自較諸遠方者爲注意。故編輯新聞時，而違犯此種原則，卽難期博得讀者之滿意。例如：北京報紙首當注意者，爲中央機關所發生之政治，外交等要聞，其次則漸漸推論至於附近北京各處之各項消息等，本此原則，亦測定新聞價值之一例也。

(D) 競爭事業　世間各種競爭，皆能含有若干之興趣；如政治之競爭，事業之競爭，遊戲之競爭等，此皆由於人類之私心勝利之慾望，而發生者也，是乃最足以引動吾人之情感。故凡以勝利爲目的之競爭，其結果無不可成就有興趣之新聞。例如：前次之遠東運動會，開在上海，此時各報之記者，無不大形活動，將逐項競技之勝利者，屬於何方，及競技時之一切情形等，或用專電報告於本社，或祇用詳細之通信記事，（以余所知，關於此項之事件，日本各報記者，大都均用專電傳達，其注意力之强烈，可以想見。）原原本本，報告於各該報紙之讀者；而讀者之對於是項報告，亦都視與政治競爭有同等之興趣者。於此卽可見競爭一事，對於新聞價值上之關係矣。

(E) 人類的興趣　人類之興趣云者，乃我儕對於他人之行動，思想，感情等之興味，卽又可謂人與人相結合之同情心是也。例如：某人如何病血，惟因施行新血療養法而得救之事，即較諸祇論關於血精療養法之醫學論說，自易惹人之注意。又如北極探險者，將其達北極艱難困苦之紀事，供給讀者，大多數人，即能與探險者以精神的同化，而對於北極之發現，亦有同等之興味矣。要之，有時事件之發生，縱令係個人的而與多數讀者無絲毫之關係。然因人類同情心之衝激，就不得不寄多少興味於吾儕中矣。故倘遇事件，如關係於人類之生命時，則熱感益增，是以常見賣報童子，於街頭高呼：「死者甚多」云云，以惹動他人之注意，而賣卻許多報紙者，其理由即基於此。故總約言之，凡一事件之發生，能感動多數人爲之感慨者，即爲最有價值之新聞。

(F) 兒童之興味　關於兒童之新聞，亦有特殊之價值。例如：一少女希望將被拘於市廳檻欄之愛犬放還，郵呈於市長之手書，或可與面晤市長時，聆得明年度市政之方針等要案同時揭載。又如兒童忽因某項訟事，一旦至法庭作證人，或與此案有關係之事，旁聽者皆爲之注意，即此於製作裁判紀事時，自成良好之材料矣。蓋此乃不但因爲事實所罕見，且爲吾人對於兒童亦有相當之興味故也。歐美記者每於幼稚園，育嬰院，作有詳細之紀載，而不惜耗費重要之篇幅者，蓋亦爲此。

(G) 動物之興味　吾人對於動物表演，近乎人類之動作及智慧時，必能感到多少之興趣，故於記述此項之新聞時，其興趣自必更濃。是以訪事員當材料真真缺乏之時，動物園中，大有運筆之餘地；蓋於記述各種動物之紀事時，亦可帶入許多重要之新聞在焉。然我國記者之能此者不多，惟見黃遠生嘗有此項之記事，如觀於獅虎及各種動物之行動，卽可以之比諸現時北京執政諸人之言論行動等。如比袁世凱爲獅，其力雖大，但已爲籠中之鳥，精神頹唐，日惟食臥而已。其他蛇蟲鳥鼠，反覺精神百倍，跳躍不息，此猶小政客之受人豢養，尚覺具有無限之榮譽然。此等記事，於不知不覺間，已能將當時各要人之一切行動情態，於無意中灌入讀者之腦筋中矣。且此項紀事，多數人大概喜讀，蓋覺其頗饒趣味故也。

(H) 娛樂及嗜好之興趣　衡量新聞價值之時，對於讀者特種之嗜好及娛樂，亦爲最不可忽略者。例如：競技，游戲，劇談等，對於觀覽之人，除個人之抱有勝負優劣之興趣外，於各種動作上，技術上，亦可引起多量同好之觀念是也。而於娛樂一事，則愛斯種娛樂者對之，每感非常之興趣。例如我國之中下社會，大都歡喜觀劇。是故各報對於劇談，亦非常重視，或記當時各戲園之戲目，或聘請善於斯道者作相當之劇評等皆是也。

(I)　著名的興味　於讀者所親近之人物，場所，事件外；如社交界，實業界及至國家，世界之政治界，其中有名之人物，場所及事物，讀者對之，亦甚有興味。今先言人物，彼思慮淺薄之新聞記者，於人物紀事中，往往濫用「有名的，」或「偉人鉅子，」或「妙齡女郎」等名目。殊不知其人苟真有名者，必無須如是之介紹，僅舉其姓名足矣。蓋所謂「著名的」人物者，其所處之地位，與新聞之價值，適成爲正比例，大總統發生之小事，比諸下級官吏所發生之大事爲尤重。百萬資產家之女公子結婚談，當爲多數人所愛讀。反之，一小雜貨店女子之結婚紀事，則除少數人與之有關係者外，恐無人爲之顧及矣。又著名場所，如各國著名之都會，商埠及風景等，或有關於聖賢豪傑之出身地，勝蹟，夙爲多數讀者平時所注意。故對於此項場所，卽偶或發生一極小之事，亦足以繫多大之興味在焉。蓋以其場所之著名，而能將事件之價值，亦增加故耳。更言事物，卽有國家的性質之各種組織，如議會，學校，圖書館等之名目，亦爲一般讀者所習知，故凡爲是等名目所包括之新聞，大足引起人衆之興味。其他至於大洋航路之汽船，大公司之鐵道等，其名亦嘗能附帶於新聞價值之上。

(J) 家庭及職業之興味　興味固有種種，然欲使無論何人，盡能繫最大之興味者，應無逾於家庭之幸福及職業之繁榮。蓋此類事件，縱令如何平凡，然與人間之交接極親切也，故凡百新聞之價值，大抵皆係於此。如股票經紀及投資者，則注意股票市場之紀事。購物者及農民，則注意其農產物與市價之紀事。不動產主及其代理人，則注意於不動產之賣買及其抵押之紀事。他若柴，米，油，鹽等品，價值之漲落，不僅與販賣者有關係，實與一家之主人主婦，大有關係。又如鐵道工程之開工記事，則依其路線而可獲種種便利者，對之更有興味。至若租稅法，郵務規則，裁判所之判決詞，與夫其他政治上，經濟上之各種問題，苟與其家庭或職業有關係時，鮮有不加注意者也。是故新聞之有否價值，尙須依其直接影響於讀者生活之程度範圍而定。影響之程度愈高而範圍亦愈大。斯則新聞之價值乃益增矣。

(K) 興味之結合　某件事物，而能繫多數人之興味者，是謂之興味之結合，此乃最有價值之新聞也。以其能惹起多數讀者強大吸引力故耳。在歐戰以前，各國新聞中所最注重者，大率皆爲政治問題；彼等似非政治問題，卽不足以爲報紙之材料者，故往往有「若無政治興味，則不足以爲名記者」之言。然政治何以能爲最要之材料？蓋國民之頭腦中，最感不偏的利害關係者，乃爲一國之政治問題故也。例如：新內閣成立後，其施政之方針，財政之計劃等等，與一般國民，皆有至重大之關係。其利害之程度，亦較無論何物爲最深，範圍亦最廣。故全國人對於是項新聞之興趣，不期然而集中其精神於此矣。然是乃祇就各國情形言之而已。若在我國，則一般人民對於政治，既無甚大之興趣可言，而年來各派黨爭之起仆，政局之不定，幾皆與全體國民之利害無關。是以在我國之報紙上，有時政治以外之新聞，如社會，經濟之有關國民生活者，反視較政治問題尤爲重要。此最近趨勢之略可見者也。惟社會，經濟，常常必須與政治有關；且如各派暗爭，以及調兵遣將，預備私門之消息，最足使國民寢食不安。故此種興味之集中，仍爲政治問題中之政局。是以新聞記者對於時局之內容，因無論如何，必須具明瞭之觀察，而尤不可不爲敏捷之報告矣。

至論各國間對於新聞互相注意之程度，自本世紀以來，歐美日本諸國，頗有一種新現象發生。蓋政治問題，固爲一般國民所感爲有普遍的利害關係者；然鄰國之人，則不足有何等紀述之價值矣。縱鄰近之國，稍加注意，而距離較遠者，則直視爲無關痛癢之問題。但偶遇社會方面之奇突消息發生，反能超越國界而使各國皆感有莫大之興味。例如：俄國共產主義之勃興，私有財產制度之撤廢，世界各國朝野，一若「布爾薩維克」與彼有重大之關係，或有盛祝其成功。文化運動之傾向，亦注集於此方向，同時一般之資本階級，貴族階級，設法防止，不遺餘力，一若洪水猛獸之奔騰，惟恐其侵及於己。記者於此，即不可不默察此種之內因，而爲之細密地探索。蓋其關係之大，不特附近之人，蔽其利害，全世界之人，皆與有相當之關係也。又如「打尼克」輪船之遭難事件，以大洋中如此大之汽船，又係於第一次航海之晴夜，以最大速力之航行者，竟因與冰山衝突而沉沒，實屬罕聞之異事也。更有其最足惹人注意者，則此船有多數之乘客，且多爲有名之人物，故當此項新聞一出，世界各國無論何等階級之人，亦必以最大之熱心而熟讀之。要之，興味之結合，乃興味程度之問題，記者於評論新聞價值時，切當留意之重要問題也。

右說數項，雖未必盡可作爲我國新聞記者選擇新聞材料之標準，然不能全謂非良好之參考資料也。且我國報紙及新聞記者，訪取新聞時，大都偏重於政治方面，而輕忽社會方面。因此之故，遂使報紙與吾人之實際生活，似乎毫不相關者，讀德氏之論，可以醒矣。

2. 新聞價值之減殺

上段所論，祇述其價值之測定而已。以外更有因特殊之關係，新聞之價值卽爲之減殺。例如：名畫之上，亂塗以墨，則該畫之價值，無不爲之減殺者，請本斯理，以舉減殺新聞價值之標準。

（A）含欺詐性質之廣告作用者　世有黠者，以絕類良好之新聞，投諸報社，藉作其商品或事業之廣告。此雖廣告術之進步，無如新聞之價値，爲之斲傷殆盡矣。例如：文人畫家，以其作物爲廣告；教育家以其學校爲廣告；軍事家以其戰蹟爲廣告；政治家以其治蹟爲廣告；諸如此類，無非皆爲私己之手段。歐美新聞界稱之謂 plant，卻與我國所慣稱之「作用」兩字，頗能暗合。此種記事，在眼光銳敏之編輯者視之，不難眞僞立判。但眼光較鈍，經歷較淺者，輒不免爲若輩所蒙蔽矣。故路透電社，昔時曾對其通信員，特下一嚴厲之訓令，卽謂：「切勿採用含有廣告性質之記事」是也。但有時苟遇某事，半含新聞，半含廣告之材料，卽可刪去其廣告之部份而用之。至若其全部皆以廣告爲目的者，實字紙簍中之物耳。是以新聞記者，當衡量新聞價値之際，須於此點倍加用心也。

（B）述及個人之隱私者　報紙爲公衆之讀物，於篇首早已述之矣；故凡報紙之所云，概爲有關於大衆之事業，其特質在有公告性質。若與國家社會無關之個人私事，充諸篇幅，非特法律所不許，卽該記者之人格，亦早已掃地矣。縱或所記之事，是善是惡，然皆爲他人所不許者也。蓋此非善惡之差別，乃公私之問題也。記人善事，尙屬不可；何況揭人隱私，藉以敲詐。因新聞之能否記載，首在其有否記載之價値，故凡關於個人私事，無論其爲善爲惡，皆無新聞之價値。因其與多數讀者，無若何關係之可言也。我國近有不少記者，對於此義似乎未加深考；且每以盡發他人之私事爲能，故終日所探索者，無一非他人之隱私，竟有專以敘述他人之家庭祕密閨房私語生平隱事，藉以詐取，更爲常聞之事。新聞記者被人厭視之原因，此亦其中之最大者也。

(C)　有害社會風化者　報紙爲社會教師，其感化力之大，殆過於無論何種事業。故凡有害社會風俗之事，切不可作爲新聞而任意披露之。所謂有害社會風化者，最當注意之點，卽爲穢褻讀物及淫書淫畫之禁止。蓋此等物件之存在，無非遺害於社會風俗，而增長人類之淫亂性也。是則報紙又安可違反此義，而不加檢點乎？歐美諸國之中等以上之報紙，對於娼妓買笑之生涯，青年男女淫奔野合之紀事，皆不肯略事敘述，蓋預防穢褻性之增長也。我國報紙則不然，每有以青樓褻事，充塞篇幅，甚至改造種種紀事，以行其報仇敲詐之慣技。不惟足以助長社會上惡濁之風俗，且同時卽具有真真價值之紀事，亦於無形中受其影響矣。然揣度報紙之所以捍然不顧者，無非以此迎合一般社會惡劣分子之讀者而已。不知再行詳察之，若此旣有損於新聞之價值，而貽害社會之風俗，不尤較甚於一己之營業問題否耶？

(D) 引起人類之惡感者　近有不少之報紙，對於慘死等之殘忍事項，每不惜爲之作長篇之紀載，必使之詳述無遺，纔誇其盡探訪明析之能者；不知在讀者對之，已爲之心身皆悸矣。例如：紀一被人謀害之慘死，將其死體之狀態，慘死之光景，一切可憎可怕之現象，一一筆諸報端，則無識之人民讀之，其感慨爲如何耶？況日日灌輸以此種之紀事，吾恐畏法之效未可覩，而未有不流於殘忍者矣。故爲新聞記者者，於下筆時，不可不存一身在講堂演說之地位，惟恐一般讀者，因受教師不良之感化，而日形沈淪於殘忍之地獄中也。

3. 結語

凡物之存在，必有其存在之價值，凡物之能繼續進行而不息，必有其進行不息之價值。反之，凡物之失敗，亦必有其所以失敗之理由，故準此以觀新聞事業之發展，不得不論及其發展之原因。然欲探究其發展之原因，則又不得不詳察其若者爲有價值，若者爲無價值而後可矣。蓋如此下筆，斯則紀載有方針，採訪有選擇，非特可以引起大衆愛讀者之興趣，且能使報社之營業日益擴大。我國有所謂機關報者，其數甚多，彼等第一之任務，即高唱利於所繫黨之言論而已。其外界之非議，皆不顧及。故紀載之中，虛報者有之，誣揑者有之，其唯一之目的，爲扶助本黨，傾軋異己。故凡本黨之事，不惜犧牲報社之信用，亂筆爲之吹噓；異己者縱或偶有一時之失誤，則必盡其謾罵之本能，惡聲而譏笑之。總之，新聞之有否價值不問也。然此種包藏仇視性質之新聞，早已爲稍具常識之讀者所不齒，更有何價值之可言。新聞事業之至今不能發展，良有以也。至於更有許多報紙，專刊無聊之文字，或花柳優伶之品評紀事，而其時亦有一二自稱才子之臭名士，專作無聊奇醜之文章，不啻爲引誘青年男女於墮落之一種工具。維時各報，每因爲迎合社會上一部份之心理，和利用社會上普通之弱點起見，似乎關於花柳優伶種種不堪入目之論載，爲決不可少者，故反置眞正之新聞（news）於不顧。斯則又爲報紙之編輯者，未明新聞之價值測定而已。（本篇曾刊於時事新報之學燈）

第七章　新聞社

1. 新聞社之組織

各國新聞社之組織，大致相同。惟編輯報章之篇幅有多寡，規模有廣狹，因之社員之數量及其職務範圍等，亦有差別。然其普通組織之區分不外編輯，印刷，營業三大部而已。本書爲側重於報紙之文字方面者，故關於印刷，營業之二項，删去不提，祇論編輯部。

報紙之主務在編輯，故爲報社業務機能原動力者，編輯部是也。編輯部之在新聞社，猶如吾人之神經系，新聞事業之所以異於尋常營業，而具有極高尙之威權者，賴有此耳。故得健全之報紙，必先有健全之編輯部，是爲新聞事業成立之第三元素。

我國報社編輯部之內容，大概總編輯一人，負全部編輯之責任。其下管理國內要聞者數人，管理地方新聞者數人，管理本埠新聞者數人，管理雜俎者數人，此外翻譯外報及校對，庶務，收發，共若干人。近年有提倡新文化之報社，則又另闢專欄，置一人以主宰之。論說之撰述，有時聘專員者，有與社外學者訂約者，然此風皆以八九年前爲盛。今則大都崇尙毫無意味之短評，每日能揭出堂堂正正之論說，殆居極少數。至於新聞材料之蒐集，除京滬二三社，於國內外各要地特派或特約專員隨時通信外，其他大都仰給於剪刀及通信社，——含有侵略的宣傳作用之外國通信社——最奇者，爲無常務訪事員，於報社所在地發生之事件，絕對的不加調查是也。若夫現代報社所萬不可少之通信，調查諸部，在吾國報界中更屬罕見。總之，我國報社編輯部，設備之薄弱，幼穉，實爲東西各國所未有也。

然編輯部當以何種組織爲完善乎？吾人編輯報紙，固應採用何種法則乎？對於此種問題頗難下一確切之答案。蓋現在各國報社編輯部之組織，及其編輯報紙之方法，不獨國與國異，卽在一國之中，亦屬不盡一致。然其如何迅速蒐集新發生之事實，如何揭櫫紙上捕捉讀者之注目，如何使有限之篇幅，能納多量之材料；並更須設法潤澤乾枯之文字等，凡此種種，則各報皆然也。今試觀日本與美國之大報社爲例：

A. 日本的

(一)大阪每日新聞

主幹——副主幹
- 1. 學藝部長
- 2. 內國通信部長
- 3. 外國通信部長
- 4. 社會部長
- 5. 聯絡部長
- 6. 經濟部長
- 7. 整理部長

(二)東京朝日新聞

編輯長
1. 政治經濟部長
2. 調查部長
3. 社會部長
4. 外報部長

(三)東京萬朝報

社長兼主筆——編輯長
1. 硬派部長
2. 軟派部長

以上爲編輯部之莖幹，各部隸屬於編輯長。部長之下，再置若干之部員，以資應事。至各部之異點，則東京萬朝報於編輯長之上，別置主筆，乃專撰論說者；惟其他數社之論說，大概由編輯長及各該性質之部長分任之。即就東京朝日新聞而言，政治經濟部長司撰述關於政治經濟之論說。而外交上之論說，則多出自外報部長之手。至於常務訪事員之分派，在昔亦有特設專部者，今則由政治經濟部長直接分派矣。

關於日本編輯部內之分硬派，軟派者，(如東京萬朝報)厥弊甚深：

第一於新聞社經濟上之妨礙　例如以十人而可組成之編輯幹部，因有硬軟派之區分至少須十五人而所需之常務訪事員亦須倍增其影響於報社財政殊大也。

第二於事業進行及觀察自由上之妨礙　蓋軟之一字，含有多少之輕蔑意味，不惟為一般社會所輕視，即同屬社員之硬派記者對之，亦動加白眼，故有時兩派反目，其結果失去雙方情感之聯絡，因之惹起無謂之紛擾。如昔年東京人正博覽會開幕，與東京市府有關係之硬派記者，欲獨得免費入場劵；而軟派記者，以博覽會絕不屬於硬派，於是兩派之間，互生議論，其在平日兩派素不洽睦之社為尤甚。又如海軍收賄事件，固屬於硬派記者之範圍；惟裁判所記事，乃為軟派記者之職責。此項事件究應付諸何派為宜，一時各報，煞費躊躇；有兩派齊出者所獲材料，則分面揭載，事實之前後不貫，固無論矣。更有同一紀事，是非全異者，不勝枚舉。尤奇者，國會行開幕禮，記莊嚴之儀典者屬硬派，寫議員之狀態者屬軟派，責任分派之不妥，無有甚於是。蓋無論政治，社會，經濟，婚喪，冠祭，水火，盜賊，天災，地變，凡屬異常之事件發生，苟觸新聞記者之目者，皆當下以銳敏之觀察，不容片刻之猶豫，所以事件雖有種類上之不同，然決無派別之差異。故歐美報社，關於軍事，財政，運動，競技等事，概使專門於是學之記者承擔之，且在可能之範圍內，凡屬記者，皆可見事紀事，責務上極無若何之派別，故於事業進行上，無滯礙之可慮。而日本報社，卻以硬軟界限區劃之嚴密，並兩派記者之不相融洽，硬派記者遂不屑爲軟派之紀事，而軟派紀事者，亦難望硬派之項背。倜人觀察之自由，乃於無形中受酷烈之拘束矣。

第三於新聞記者地位上之妨礙　新聞記者必須具備高等智識，否則斷難受社會之尊敬；而記者智識中之不可缺者，則爲政治，經濟之智識，換言之，於政治，經濟上無相當之素養者，絕對無新聞記者之資格。日本報社之所謂軟派記者，大多數缺乏政治經濟之智識，甚至軟派所屬之訪事員，有竟拙於爲文者，因其學識非淺，眼光狹小，敘述一切，自不免流於浮薄，輕佻，誇大，放誕之一途。就中如情死，慘殺，淫姦，盜竊之污穢犯罪等記事，更不惜貴重之報紙，大書特書而公表之。意志力薄弱之靑年男女之精神上，不覺間就此感受許多之惡影響。此日本某法家之言也，故日本一般社會，對於軟派記者，咸抱一種恐怖觀念，非怖之，實憎之也。至報紙上之軟派記事，更爲自好之士所厭讀。是故神聖之新聞記者之地位，亦因軟派記者之跋扈猖獗，而漸趨於下矣。

第四於新聞記事之製作及系統上之妨礙　新聞稿件之製作，當以事實爲骨，興味次之，兩相配合，各得其宜，此新聞中之佳構也。而日本報紙，因有軟硬兩派之存在，固執其各面割據主義，於是兩派記者製作之方針，乃各趨極端，社會部之記事，以興味太多，未免有失新聞之本意，而成爲滑稽文矣。政治經濟部之記事，以太形乾枯，未免令人太覺乏味。要之，單就一紀事之內容言之，固不可不含軟硬之兩性，若將此兩性分別記述，則旣背乎記事製作之原則，又失記載之系統，眞無理之尤甚者也。

以上所羅歷之弊害，祇揭其概略而已，實則尙不止此數；而試從弊害之反面觀之，則一利亦難乎發見。日本報界之有識者，雖不無有主張撤廢此背謬之區劃者，奈因事已成習，不堪遽革耳。是故日本報界硬軟分派之問題，原無吾輩論究之必要，特恐流害傳播，故特爲鄭重誌之。

B. 美國的

美國新聞社編輯部之普通組織，大概統分爲兩大部：（一）言論部，（二）編輯部，兩部之職權，亦因社而異。但兩部中並無日本之所謂硬派軟派之區別而已。

言論部有爲編輯部中之一部，受節制於編輯部長（managing editor）者，有與編輯部長同隸屬於社長者；又有極少數之新聞社言論部長，位於編輯部長之上者。但通例非言論編輯兩部相對立，卽言論部長在編輯部長之下。

編輯部長之直接佐理爲副編輯長（the assistant managing），及城市部長（city editor），與夜間城市部長（night city editor），兩城市部長之地位，皆可等於日本之政治部，兼社會部長。蓋其責任乃專務蒐集報社所在及其附近各地之新聞記事，其自遠方面來之電報電話等，則通信部長（telegraph editor）監督之。卽城市部長指揮訪事員，通信部長指揮通信員是已。故簡約言之，美國報社編輯部之組織如下：

社長——編輯長（副編輯長）

1. 言論部
2. 城市部
3. 夜間城市部
4. 通信部
5. 其他關於搜集材料之調查部外報翻譯部等均另設

此外特殊材料之蒐集及編輯，各有專員，例如：政治記者，經濟記者，宗教記者，教育記者，軍事記者，狩獵記者，評劇記者，音樂記者，鐵道記者，家庭記者，競技記者等，統直隸屬於編輯部長。至於星期六與星期日之特別版，（我國本無此例，現在上海申報等亦有之矣。如申報每逢星期六之汽車增刊，星期日之星期增刊，其他尚屬少見）皆有主任編輯，更有所謂剪報記者，則通覽各種報章雜誌，取其有轉載價值之記事。其他如圖案家，畫家，及寫真部，則純以供給應插入之圖畫，專以寫真爲務也。

至於各部編纂之手續，則所有之新聞材料，悉由城市部長付諸編輯主任，

(head copy-reader) 再由編輯主任分配於多數之編輯員 (copy-reader)，從事修正；及附標題之後，（詳法見後）仍返諸編輯主任更一度過目，卽送於排字室。又有稱爲閱稿員 (rewrite man) 者，司接各訪事員之電話並編錄之或且承編輯主任之命，亦有修改訪事員原稿之權。

茲爲使讀者諸君澈底了解起見，更具體的分析余現執事通信職之紐約時報 (New York Times) 之編輯部，組織如次：

(1)社主　定編輯上之主義方針者爲社主。惟社主未必日日到社，故通常皆由編輯部長主宰編輯上之一切事宜。此社共有編輯部長三人，一正二副，每日會同他部重要人員，協定編輯事件。

(2)編輯部長　編輯部長之下，除前記之日夜兩城市部長外，又有一名之新聞部長 (news editor)。城市部長管理紐約市，及距紐約百里以內之事。其外有稱編輯員 (editor) 之助手七八人，分任劇場，飛機，土地，建築，商情等部內之記事。就中商情方面之主宰者，有二十餘名之常務訪事員分任之，對於城市部長，殆成獨立之勢。其他訪事員則悉直承城市部長之命，我今本余所知者統計直承城市部長命令之訪事員約共百四十餘人，共分三組，日夜勤務。但其在夜間勤務者，則聽夜間城市部長之命。

(3)城市部長　城市部長之下有編輯員十二人，以八人交代服務處理常務訪事員選來之稿件，所謂閱稿員者，此社共有四人。(此係對前三年所說的，現恐不祇此數。)

城市部長之座右，常置一册之訪員分派簿(assignment book)，爲部署訪視各員事務之表册，此百四十名之常務訪事員，每日必至部長之前承受命令，以作從事之方針。

(4)新聞部長　專司紐約百英里以外之記事，及外國電報等。又美國一般人遇可作新聞記事之材料時，有電話詢問要否之常例，例如：某地發生某事，其地之人可電詢報社要否關於某事之記事，此類電話，亦歸新聞部長主持之。彼苟認爲有新聞價值時，卽可復言原人，索若干字之電報，揭載之後，按定章以金酬之。

以上所述，乃屬於紀載方面者。編輯部長之下，尚有論說記者數名，專受編輯部長之命意撰述論說，每日必揭載五六篇之論說，此紐約時報之通例也。

觀於日本美國之報社如此，就可知各報社組織之各異，無非依其社會情形之不同，所持方針之差別而定旨絕無雷同之可能。今以我國之社會情形，與各大報社如：北京之京報晨報，上海之新聞報申報之現有習慣而論編輯部之組織，大概如下：

編輯部長（即總主筆）

- 1. 政治部
- 2. 社會部
    - 本埠新聞部
    - 外埠新聞部
- 3. 經濟部
- 4. 外報翻譯部
- 5. 附刊雜俎部
- 6. 調查部
- 7. 校對部

編輯部長，卽吾國所稱爲總主筆者是也。承社長之囑托，統轄編輯各部，並負編輯上之全責。政治部長有爲編輯部長自兼者，專務政治舞臺之變化，及與政治有關而引起之戰爭，黨爭，選舉，議會等事。經濟部專司各種商情市況，間或涉及內國公債各地金融等，是則須視各報社所抱之方針而定矣。例如：注意商業之報紙，其經濟部自較他部更爲有勢。本埠新聞部，專司對於報社所在地發生之事實，不問其爲何種性質，如上至國際問題，政治問題，下至一姓私事，拐逃，偷竊等事皆屬之。外埠新聞部，則專司各地所有訪事員之稿件，以判載刊與否，或將原稿文字上之不妥處，代爲修飾之付印。外報翻譯部，吾國本無是項完全的設備，卽現在滬上各大報社如新聞報申報等，亦祇置一二人以司其事。所謂稿件云者，大抵悉仰給於外國通信社，如最有名之路透電社，東方通信社等，而我國報社各部之最腐敗者，厥惟是部。蓋外國通信社，其中難免不含有野心的，與之聯絡一氣，不啻代彼多設若何之宣傳機關，可不愼歟？附刊雜俎部，專司許多有趣之文字，或遊戲，學藝，文字上之小作品等，以解憂悶。此欄各報大概均聘請現代之有名小說家主之，其稿亦以社外自由投稿爲多；編輯者不過略盡修改之責而已。調查部，我國報社之設有此部者不多；且範圍狹小，規模不大，蓋七八年前吾國各大報社，尚無是部之設置，及後感覺需要孔急，方始創辦之。然其設備一切等事，尚遠遜於歐美數十年前之光景矣。惟聞滬上申報，對於是部，極力進行，範圍日大，搜羅亦富，但未覩其真相，不知確否。校對部，歐美各邦均以是部屬於印刷部，但我國則多設於編輯部中，良以我國之文字，較難於歐美，（比日本則較簡矣，蓋彼在每個字旁，又須排許多片假名。）且一字筆畫之似乎雷同者亦多，不易辨認，兼之我國排字之工人，智識特淺，識字無多，每易錯誤，故校對部之屬於編輯部者，殆亦情勢上之不得不然耳。

以上乃參酌我國各報館現有之情形，再加以適當之系統而列成者。至關於各部之如何搜集材料，更於下節述之。

2. 各部編輯上之蒐材及職務

編輯部之蒐材云者，乃專事搜集各地訪事員之記事而總集之謂也。不甯惟是，其他更須時常授各地記者以機宜，使於一定之方針內，可以有所活動。蓋編輯部者，全社之主腦；社外記者者，恰如人身之手足而已。一則專務內部之佈置，一則專事向外之發展，故日人之稱編輯部爲內勤，社外訪事員爲外勤，卽此理也。今特將編輯部內之各部，與訪員之探詢新聞之方針，次第詳述之如次：

（一）編輯部長　編輯部長管理一切編輯上之事務，直接指揮監督編輯員，然彼亦自當整理紙面之任務。蓋一社之新聞，其材料充實，紀事敏捷正確，能博社會之信用者，全賴編輯部長之手腕如何？因雖有才幹之記者，而無善於運用之編輯部長，亦不能作成絕好之新聞。是以編輯部長，不可不爲一有人望品格，統率之才能，寬雍之態度，周密之思慮，而且更須一能活動之人；因其有時，尙須與營業部長，參與報社之經營，故又不可無調理機務之才能。要之，編輯部長少爲文墨之事，多從事於事務方面者也。至於指揮或督理記者，使得優勝他社之好材料，則尤須有豐富之經驗，與他社競爭，增進社會上之勢力，是則有機智與敏腕之才能，豈可缺哉。

我國之總主筆，在報社常占最高之地位，故新聞記事之重要者，統由彼一人主之。即以每日之社論而言，亦皆出之於總主筆之手；蓋我國報社之編輯部，固無所謂言論部者，故總主筆之任務，於無形中又似乎兼任言論部之職務矣。

（二）政治部主筆　政治部專司一切關於政治上之活動。我國報社中，以此部最占重要，每位於總主筆之下，或直接由總主筆自兼者甚多。若北京之京報，上海之新聞報皆是也。其事務亦較他部獨煩，故該部之社外訪事員亦有劃分區域之必要矣。考之日本東京各報社政治部之社外記者，每一人而管轄二三機關，因此該記者即爲此二三機關之常務訪事員矣。如（一）國務院總統府。（二）外交部。（三）內務部。（四）國會及各政黨本部。（五）海陸軍部。（六）交通部。（七）參陸辦公處。（八）司法部。（九）教育部。（十）各國公使館。（十一）平政院。（十二）以上各部之重要駢枝機關。（十三）其他重要人物如總理以下各部總長之私宅，及與政治有關係之各要人之私宅等。茲爲易於了解計，再將政治部中最重要之議會記者，與政黨記者分述於左：

（A）議會記者　無論歐美日本政治部之可稱最忙之時者，無過於國會開幕之期。我國則因國會未固十二年來一法無成，即在開會之時，亦不見有何轟轟烈烈之事足以記載。故各國當國會開會時，大都犧牲一切次要之新聞，滿載國會之記事院內情狀，幾無一不披露於國民之前，且有每以簡筆之寫生，繪當時議員發言之態度，維妙維肖，誠社外記者之絕技也。夫所需材料，既若是其多，則自非一二人之耳目，所能鉅細靡遺。不但記當場之「實際的事實（bare news）」，更須探悉各派之內容，預測問題擴大之程度，極繁瑣之案件，則隨筆可加以適當之剪裁。故此際之社外記者實居政治舞臺之中心，其責任非常重大，處國會與政府之間，對於雙方，皆宜盡糾察指導之責任。

（B）　政黨記者　政黨記者，非如議會記者之臨時性質矣。蓋非熟知各個政黨之內情者，不堪臻功。其最佳者，對於國會政府兩方之人物，務宜一見而即能立識其面，舉其名，且明乎各派政黨變遷之黨略，將來之趨勢，然後始能勝任愉快，不辱被派者之所期望也。蓋揆諸憲政之本意，將來之政治，必為政黨內閣掌之；政黨乃內閣之淵源也，是故雖為中立之新聞，亦認探知政黨消息乃最屬重要者。故政黨記者，不僅以蒐集一黨之表面報告爲務，與一黨之領袖及幹部人物，每互爲私人的交際。苟有關於一機密事發生，則彼於可能的範圍內當較他人所知者爲更多，既須博政黨之信用，且其所受信用之程度至少當在政黨中之一幹部以上。欲任政黨記者者，蓋亦難矣。

(三)社會部　十餘年前報紙中社會新聞之地位，並不視爲重要，不能與政治外交財政並例。選載之方法，亦極幼稚，僅報告殺人盜刼等事實而已。從無人作爲重大之問題，而加以研究者。故彼時關於社會新聞之外交記者，每被輕視，而不認其爲有高等之地位。然彼輩一方面亦不過「耳有所聞目有所見」筆述於報社之編輯部以塞責。其中且有不能執筆爲文者，其無觀察事物之智識學問，自不待言。

然近年以來，則微有不同，有時政治以外之社會新聞，亦能與政治問題，並駕齊驅；間或更有超越而上之者，曩時徒以塞責之社會訪事員亦已汰淘殆盡矣。蓋社會中之事物，無論其形體雖小，其中每有複雜之內容，因此欲闡明其因果，就不得不涉及各種之學科。近來新思潮發生以後，國中之社會問題，更覺其與政治日益接近，幾有不可分離之勢。蓋就社會之意義言之，則政治亦爲社會中所具現象之一也。更申言之，卽社會可以包括政治，政治不能包括社會，於此吾人就可見兩者範圍之孰大孰小矣。故推測人羣進化之趨勢，將來殆只有社會問題而無所謂政治問題，故社會部之事業無形中已與政治部相啣接矣。（最近美國各大報社之政治部，聞已有不少與社會部相合併爲一部，蓋亦社會情形之使然也）吾國則因各種事業，均尙幼穉，故仍無變遷之現象。

至於社會部記者所活動之場所，余今將日本學者所著書中之指示地點，而依其性質易爲北京所有之機關名稱，俾學者更易於了解焉。

（A）　前清皇室及旗人生活　此爲近年來京師之第一重要問題，辛亥以後，餉銀卽被取消，彼等卽流於困苦之境，弱者流爲乞丐，强者以拉洋車而維持其生命；蓋旗人多數之失業，已成爲社會上難决之問題，前次淸宮失火，其中當亦有若干資料可尋也。

(B)審判廳　民事，刑事之訴訟，審問之答辯，判決，名人之被捕等，特別有關係之社會案件。

(C)警察廳　犯罪之被捕，自殺，暴卒，傳染病，公衆衛生，秘密買淫，煙賭，各種團體之立案，失火，強刼等事。

(D)看守所監獄　內中之設備，待遇，衛生，感化，工作，要案被告收監之狀態，死刑之執行。

(E)市政公所　馬路，橋樑，水道，公園，電車，電燈，凡有關於市政之新計劃，及新設施等。

(F)鐵路局　火車出軌，衝突，顚覆，轢死，到車遲早，乘客之增減，團體之往來，重要人之行蹤等。

(G)近畿統領署　關於兵士之風紀，及在警察所不能得之材料。

(H)消防隊　失火，放火，救護等事，關於預防火災之設備。

(I)觀測所　天氣之預報，暴風雨之戒備，氣壓高低之現狀。

(J)動植物園及各種陳列所　動植物之新移入，或死亡，減少，陳列表參觀之人數比較，及內中各部之詳情。

(K)圖書館　閱書人數，圖書及借書種類之傾向，由此即可藉以觀測社會思想之變遷，文化之蛻化，及其本館之設備。室中之光線，能容幾人，及某類書籍之增加，均爲可以研究之問題。

(L)濟良所　人數之增減，所內之狀況，待遇出所之狀況等。

(M)各工業場廠　此項在社會中，極關重要，凡工場之黑暗情形，及待遇工資，工作時間，工頭制度，學徒生活，工人團體，罷工醞釀等。

(N)孤兒院育嬰堂　孤兒之人數增加與減少，嬰孩之種類，貧苦或私生兒，經費之補助，黑暗之情形。

(O)娼妓　娼妓之生活，花柳病之傳染，生計等；蓋彼等貌似快樂，實際上不啻處於黑暗之地獄中。北京之二三等茶室之下女，尤非人類之待遇，被逼虐待，自殺私逃者，時有所聞，社會中最可怖之境域也。

(P)貧民窟　我國下層社會之生活，日困一日，衣食不繼，一家之衆，有僅具一日一餐者，貧民太多，爲社會之病，故貧民窟中乃社會記者所當特別注意。

(Q)各旅館游戲場俱樂部　此皆最易發生社會新聞之地。

僅以上十餘種場所而言，已可見社會部社外記者應注意活動地方之多，其他更有臨時發生者。然其性質上則較爲屬於專習，非普通記者所能勝任，茲列述於下：

(A)戲劇　各學校機關之特別會，或各劇園之名戲；蓋戲劇之批評記載，每爲一般社會所注目。

(B)音樂　音樂，美術等，爲報紙材料之一部份，各國報社，有以之屬於文藝部者，亦有另設趣味部者；要之爲社會部之重要分子，然非有專門人才，不足以語此。

(C)運動　如滬上前年之遠東運動大會，各國皆派選手爲種種之運動，各國皆甚注意，每日以運動勝負之結果，專電報告，因當時能引起各部人民之好奇心也。

(D)角力　大力士之角力，在日本每年春秋二度行之。其舉國士與某力士之勝負，且寫真銅板等，皆各競爭，務求美備；然其中亦有黨派，社會間視爲極重大之問題。此項記者，對與角力須具專門之智識，故新聞中每多專門之名詞，非普通記者所能勝任。

以上所述，雖性質各殊，統可稱爲社會記者之活動場所。惟吾國報社之社會部，大概分有(一)本埠新聞部，與(二)外埠新聞部兩種；其探詢材料之場所，或與前例略有不同之處。其實地方新聞與都會新聞，惟有規模大小之不同，其內容構造則一也。故地方新聞之活動，仍不外政治與社會之兩大系統；如省中之新聞，與北京中央無異，不過縮小範圍而已。其記者活動之機關性質，並無分別，如政治方面則督軍省長，與北京各部各廳及其他附屬機關相等。又其他與國會相等者，則有省議會，地方議會。與政黨本部相等者，則有政黨支部。至於經濟方面，則銀行，公司等，皆有各地之分部。與警廳性質同者，則有警署。要之，地方記者之活動，與中央比較，則可謂「具體而微」其方法固無絲毫之差異也。

（四）經濟部　經濟部之獨立與否，各社不同；在歐美則多獨立，而日本僅有少數之大新聞社，我國則僅有上海新聞報，申報，北京京報，晨報，另闢經濟欄以刊之。蓋吾國報社之注意經濟新聞，亦爲年餘來之新趨勢也。其有不設經濟部者，自皆附屬於政治部或社會部。

至於經濟部記者活動之機關，則大略有以下之數種：（一）財政部。（二）審計院。（三）農商部。（四）幣制局。（五）鹽務署。（六）煙酒公賣局。（七）崇文門關稅。（八）各種財政委員會。（九）銀行公會。（十）京師商務總會。（十一）中外各大銀行。（十二）平市官錢局。（十三）各種實業公司，交易所，股票交換所等。是皆經濟部記者所當常至活動者。至於其他閣議之借債問題，每月各省應解中央款項與數目，尤當特別加以相當之注意也。

（五）外報翻譯部　此部於吾國報社中，能獨立者可謂無有。通常卽以政治部記者充之，亦有擇其性質之所近，而由各該部採譯者，殊較多數。卽以日本而言，亦止有東京朝日新聞與大阪每日新聞數社而已。

考是部之效用，無非廣搜歐美各報張雜誌之所述，覺其有轉載之價值者，即為之翻譯而刊載之，所以介紹全世界之潮流而已。

我國今日之報社，對於外報之翻譯，悉皆授事於通信社。雖亦有聘請一二專員，從事外報之翻譯者，然究以此項人材之難得，總不若仰給通信社之較為便利。因此無形中通信社之勢力，幾佔遍我國之新聞事業，如最有名之英國路透電社即是也。不知此種電社，或素抱野心，或立意侵略，我國報社之轉錄其通信，不啻為彼作宣傳之分支，此誠吾國報界之絕大汚點也。計欲除卻此弊害，舍自立外報翻譯部外，可謂無法矣。

（六）附刊雜俎部　附刊雜俎，在吾國報章，亦佔有極大之勢力，蓋其所含之能力，除一部份之討論學術外，尚含有若干之興趣，以作消憂解悶之消遣性質。至於該部記者之搜集材料，則大都仰給於社外之自由投稿，再由該部主任之修改。在編輯上言之，較他部為特易，記者無須盡搜集稿件之勞事；因普通報社之主持該部者，均爲現代有名之小說家，故稿件上自有其朋友爲之襄助也。但世界新聞事業之趨勢，基於以新聞（news）爲本位，故對於此部不過應社會上普通之心理而已。社會思想而於新聞事業有進步時，則該部之需要，卽因此而衰，例如：我國新聞事業在今日，亦不能稱爲幼稚者，蓋在四十年前之申報，其中幾全爲文章詩詞，或小說等之作品，新聞不過一二不相干之趣事，蓋重文辭而未重新聞之時代也。嗣後逐漸改進，以至於今日，其所謂改進之過程，特因新聞材料之漸增故也。是以今日之附刋雜俎等，亦不得不稍改詞章等之無謂作品，而趨重於新聞之討論或研究，同時附刋雜俎之性質，亦由消遣而趨於學術之研究矣。

（七）調查部　調查部者，編輯部之顧問，新聞社之圖書館也。平時專以搜集要人之寫真名勝之風景等各項事件之詳細經歷，一一分藏之，以備編輯部有用時之索取。蓋文學之記載，有時遠不能如肖像之較爲有趣，讀者一面可讀，一面可觀，有如身歷其境然，此不特使新聞增加興趣，且能授讀者以深刻之影像。例如：某某官職發表，或某名人逝世，揭出記事，同時載其人之肖像及履歷；某船沈沒，則附記其噸數，進水年月，船長姓氏，此爲歐美報紙之通例。吾國報社之設此部者不多，近來祇有上海申報，餘則皆屬各部之自由搜集，故無論何種緊要事件發生，蒐集關於參考之材料，及其寫真等，臨時每必至手足失措。

調查部中之必不可缺者，第一卽本國及外國之報紙，雜誌，公佈，報告，幷著名新刊書籍等；第二卽各種辭書，年鑑，統計，現代名人傳略，寫真等；以上兩種，平時當盡力蒐求，勿使遺漏。若夫報紙雜誌之保存，尤爲調查部極重要之事，大抵皆分類剪裁，以貼於適當之簿册中，別製精密之目錄，以便檢查。雜誌則按年次裝訂之。至於報紙分類之標準，則因社而異矣。茲特將倫敦泰晤士報之調查部之分類標準，述於下，亦可爲參考上之一助也。

(1)農業。 (2)人類學人種學。 (3)古物學。 (4)藝術。 (5)經濟。 (6)教育。 (7)工業。 (8)地理。 (9)政治。 (10)歷史。 (11)園藝。 (12)國語。 (13)法律。 (14)文學。 (15)軍事。 (16)雜務。 (17)哲學。 (18)地名場所。 (19)政治學。 (20)政治及事件。 (21)宗教。 (22)科學。 (23)社會學。

(24)歷屆運動競技。(25)運輸。(26)商業貿易。(27)傳記。就中以第二十之「政治及事件」佔大部份，蓋此類材料，爲該社最重視者也。又每一類中更分大綱細目，有條理，有系統，實爲該類事件作一完全歷史，俾於參考之必要時，一索卽得，不費何等之手續。吾國報社之設備此部者，頗可作爲借鏡也。

(八)校對部　此部本應屬之印刷所，但按我國各報社之通例，則大槪均設於編輯部；蓋我國因文字上之困難，更兼排字工人智識之幼稚，每祇略識數字，故排就後字面之錯誤特多。因此校對之困難，幾非常人所能曉諭者。況稿件之詢問，與編輯部又有息息相關之勢，故合倂於編輯部，略較順手，蓋亦因情形不同之所致也。

至於該部之工作，乃專以校對排板上對於原稿有無錯誤，各字之筆劃，段落，標點，更當詳細改正之，務使一字無訛，以免有損新聞之價値。其他更有所謂看樣者，乃指各條新聞排就後，滙成一版或二版，以次行列，使之有相當程序，如新聞之較爲重要者，處首段，或前幅等等，如此則讀者對之，卽可一目瞭然矣。總之校對乃細心之工作，整理之工作，與他部之專事蒐集材料，報告讀者，迥乎不同。故司其事者，但能求細心將事，不傷原稿之分毫，卽可謂盡責，固不必其他之若何才能也。

3. 編輯上之實務

通信員之投稿於本社，編輯記者卽以相當之整理，代爲刊登於報章，其間經過之一切手續，統稱爲編輯。至其來稿之語調不順者疏暢之，紀事之紊亂者整理之，是皆編輯記者應具之職務也。然其他應注意之點尚多，茲節述如次：

(1) 實際編輯　實際編輯，在日人之普通新聞學中，卽稱爲紙面之整理是也。蓋其一切之工作，完全以整理原稿爲職務，如附加標題，分節，段落等等，其盡職務之程序，必至原稿發排而後止。至其主要之工作，略分如左：

(A) 訂正事實之謬誤　優秀之編輯記者，觀通信員之來稿後，卽能迅速理會該紀事稿內容之要旨所在，因此卽可代爲訂正內中所含種種之謬誤，使原稿文法上，及修辭上，圓滿無憾。蓋訪事員於探得重要之消息後，往往匆匆運筆，其思想之會集，完全囿於紀事上之敘述結構，是以一二字之筆誤，在所不免。故爲編輯者，最當細心校讀，代爲修正，好在此謬誤，大抵盡屬諸表面，卽所謂文字間之遺誤是也，離事實決非甚遠者。

(B) 修正記事形式　既訂正紀事之謬誤，又當修正紀事之形式。形式云者，卽章節之構造，題目之選擇是也。先將各章節之題目，以明快有力之語句標出之，(詳見後)次注意章節之聯絡，是否緊接，辭調之裝飾，有無丰采，此雖關於製稿方面，然編輯者亦當觀其不妥處，加以修改者也。總之，編輯記者，猶如裁縫工識別材料，製成衣服，乃其專職，通信員不過如紡織工，祇知將纖維質織成綢緞布疋，以備裁縫工之應用而已；其選揀之工作，固置之不問也。雖然，歐美有許多名記者，其所撰之稿，每不須編輯記者之修正，卽可應用；但此乃爲少許之例外，不可一概而論。間接的說，編輯記者切不可藉口訪事員來稿之無訛，而卽謂無修正之必要也。

(C) 削除誹毀及廣告性質之文句　紀事稿內是否含有誹毀及廣告性質之文句，編輯記者當爲精確之判斷；然欲此判斷之精確，而欲其取舍之有當，則必須根據法律學理及社會心理而出之。否則該稿刊出，而有要求賠償名譽損失之事件發生，非但貽報社名譽之損失，而無價值之記事，亦易狼籍滿紙矣。例如：現在尙有幾種報紙（其名不便提出）無日不有謾罵之稿件，或爲他人之隱私，或爲商店之廣告性質，末了甚至滿目皆是村婦謾罵之惡聲，讀者之厭視，固無論矣，報社之信用，亦消沒殆盡，推究其始，無非皆因當初編輯記者之不留心所致也。

(D) 活字之指定與標點　活字號數之指定，所以表示事件之分量，如標題用何號，一一以朱筆書明「一號」「二號」或「1」「2」等字樣，以示排字工人。日本報紙最多用比五號字略小，而字畫極細之新式活字，標題則每用「一」「二」「三」號，兼亦有用初號。我國報紙之用新式五號字者，祇上海數社而已，至於標題則鮮有用初號或一號者。然最惹讀者之厭惡者，爲用二號三號大字排成之所謂「專電」是也。然以時代進化及紙面經濟之要求，（詳見後）活字之號數，將來必日趨於益小，可斷言也。

標點能補足讀者之視線，對於重要紀事，尤應精細施以相當之標點。由藝術上之見地論之，直行式文字宜用直行文舊有之標點，橫行式文字宜用橫行的西文標點。若晚近流行之直行文加西文標點，并附帶中圈之形式，殊不爲法也。

（E）標題 近來編輯記者，所最爲滲淡經營者，新聞記事之標題是也。蓋標題在報紙上，實占最重要之部份，各國報紙之對於標題，初不過藉以表明記事之種類，今乃完全以標題烘托紀事內容之重要事項。故讀者縱無暇讀記事之全部，祗一瞥標題，卽可悉其概略，故秀美之標題，卽記事之脊髓也。

標題因其形式及位置可作記事內容之廣告，販賣之先導，讀者目觸秀美之標題，則興趣勃然，卽進而欲讀其紀事之念熾矣。但須注意者，利用此廣告要素之程度，當視其報紙之銷場種別爲輕重。在歐美以通衢爲銷場之夕刊，往往綠紅油墨，印刷一長行之大標題，冀惹人目；然以有固定讀者之朝刊則反是。普通之商業廣告，多喜用誇張的口氣，誘惑的意調，以欺讀者，而新聞記者之標題，則應切戒之。蓋標題之性質既爲記述的，故當與紀事同一公平，尤不可用批評的語句，以惹起讀者無意識之猜測，與被受嫌疑。

至於標題之種類，歐美各報社之所通用者有：

(一)横直式 (Cross-line)

例如：

ALL GERMANY IS BUYING INTIMATE MEMOIRS OF HOHENZOLLERN COURT

(二)遞斜式 (Drop-line)

例如：

(A)

ALASKANS WIN
STRIKE AGAINST
COST OF LIVING

(B)

CORPS OF FOREIGN
COLLECTORS BESIEGE
PEKING GOVERNMENT

(三)金字塔倒豎式 (Pyramid)

例如：

U. S. FIRST NATION TO HAVE
WHOLE BATTLE FLEET
USING ELECTRICITY
AS MOTIVE POWER

(四)低格式 (Hanging Indention)

例如：

PRESIDENT BOAT
SAILS TOMORROW
WITH U. S. MAILS

(五)側標題 (Sub-heading)

例如：

HENSLER DIVORCE
BEING HEARD IN
NEW YORK COURT

Romance That Began In
Shanghai Two Years Ago
Told Of In News Reports

以上五例，或分或合，均可適用；惟視記事之內容，及編輯記者之手腕而變化者矣。

至於日本報社現所用之標題，以美國式爲最盛行。然第以東西文字之形態，及其橫行之不同，遽爾學之反覺不美；如「金字塔倒豎式」，絕對不適用於直行文字。但另一方面言之，美國式標題之可貴者，惟其原理而已。原理既明，則推之而應用於直行文字，亦可作爲參考上之一助也。茲將日本所通行之三式列下：

(A)

海賊に襲はれた
大圖丸歸る
……俘虜になつた賄長の
もの凄い遭難談

(B)

貨車と自動車
衝突して
三名慘死
昨深更熊谷驛構內で
中央線一時不通

(C)

挑戰か讓步か
政府の進退谷まる
政友會側の觀測

我國報紙，向不重視標題，年來上海各報社，則微有改進之趨勢矣，然大都利用「側標題」而已。更有純粹爲編輯記者主觀色彩之表現，——以側標題作私意之評論語，然亦間有適合於標題原理者，茲列之如次：

(A)

○津浦路臨城站之大刦案

●搭客及隨車員役全數被擄

●西人擊斃一名逃出六名

●華人死三人重傷兩人

(B)

●津浦路臨城站大刦案詳情

▲臨城歸客談

▲土匪千餘人均拖有大辮

▲頭二三等玻窗盡被擊碎

▲英人羅司門被鎗擊致命

▲行李郵政銀洋車未被劫

▲穆安素律師亦被擄在內

▲老幼乘客及員役等未擄

▲護路警察聞警前往彈壓

▲兗州鎭使亦已派兵追擊

(C)

◉津浦路大劫案紀聞

▲臨城劫後之情形　▲西人被擄者尚有十四人
▲勒贖二百萬元　▲教堂派教士入山勸放
▲各國將派兵會勦　▲西報記者之遇險談
▲西報大肆譏評

(附注)　以上三則，皆爲今年五月間臨城劫案時，上海新聞報於三日內之標題：即(A)乃第一日北京專電之標題。(B)爲第二日(C)爲第三日之通信標題．觀其陳列有序，堪稱佳也。

右舉各例之外，更有一種別立的標題，其位置乃在記事各段之中間，或單行，或雙行，皆可隨意爲之。其字體較本文爲大，或用同大之方體字，此種標題，有爲編輯記者自製者，有就記事之主要部份，或於轉折處拔出者。故此乃以記事自身之文句爲標題，其效能既便觀覽，更便於編輯。惟在應用此種標題時，須具三種的注意：第一此種標題，固亦以表示其紀事之要領爲目的，然不可與篇首諸標題相混淆；第二各標題間之距離，務須調均；第三必係最有興趣之訪事，或重要之論說，方可用之。

以上所舉標題各例，皆連亘一二欄之標題，而更有延長至三欄，五欄或全面者，可與讀者以强烈之刺激，同時編輯上，亦生出種種之技巧焉。惟惜我國大多數之報社，至今尙有株守極陳腐之四欄或六欄制度，幷二欄之標題，亦鮮有用之者。

標題之用語，切當力避重複，無論在同一記事之標題中，亦不可重複。非但如此而已，卽此記事之標題，亦不得與彼記事之標題相同。至若語調，音節，形式等等，尤當相互各異，善事變化，以免讀者視之以爲同一事也。卽有時如遇同一人物，記者亦必須多加思索，選揀意同字殊之語調，以表出之。

標題之文體，務以愈簡潔愈明快爲佳。其目的有二：一則可使讀者卽時領得其意味，一則圖紙面之經濟是也。故最宜用具體的語句，兼帶豐富的色彩，俾記事之要旨，悉含於此簡潔明快之標題中。捨此其他更有所謂印象的標題者，前申報記者黃遠生卽善用印象標題之一人，例如：「春雲初展之政局」「圖窮而見匕首之政局」（皆見民國二年時報）之類，雖僅寥寥數字，然與讀者對於該段紀事，觀其標題，卽可得多少之印象矣。苟以舊語調出之，則「時局要聞」也，「北京通信」也，非但不能切合事實，第乾燥乏味，讀之欲睡耳。總之，標題之爲物，其效之至若何程度，悉視用之者之得法與否。

(F) 段落之敘述法　常人閱報，大抵常匆匆過目，苟遇有甚長之新聞，早晨必不能一一全讀，必留至晚飯後再細細讀之，故編輯稿件時，對於紀事前後段之敘述法，有需爲讀者留意者。

歐美報社對於分段敘述，有主張將事實分爲數段者，有主張將事實之紀事，分爲詳略之段落者，但最後之被人採用，卽以此法爲多。蓋於大小標題注意之外，分第一段爲大概之敘述，以後再敘遠因近因，如早晨無暇全讀者，閱第一段已足矣，晚間再閱第二段。如此非但便於讀者，且有時稿件忽然擁擠，例如：忽然臨時寄到紀事一稿，非卽日發表不可，則占篇幅較長之新聞，卽可將其後半幅，臨時裁去，亦依然自成一段落，不必多費編輯記者之手脚，再須全易原稿之內容，此誠一舉而數善之方法。蓋讀者編者，皆有相當之便利也。

(2)　新聞材料之排列與組版　總司排列之程序者，爲總編輯者及編輯記者，大抵於付印之先，預備一順序單，將所有原稿本文及標題所占之行數，活字之大小等，悉記入此順序單中。如挿入寫真版及木板，則按其面積計行數，而計算行數之際，有一事須注意者，則體察事件與時間之便宜是也。如料定少待仍有重要之材料送來，則不可不爲之少待。然苟於意外忽有重要事件突然發生，則行數定必溢出預算之外矣。此時卽可將不甚重要之材料删去。但或時間已到，而行數尚不足者，自應迅速籌補救之策。然常時必須一俟原稿確定後，於是原稿之排列，方可截止。此刻主任編輯，卽可審核記於順序單內之各稿，一一判定其揭載之順序；順序之判定，實爲主任編輯煞費苦心之處，稍一不愼，卽輕重倒置，記事之價値及效力，亦因之減少，甚或完全喪失。但欲講順序之排列以何則爲標準，可謂並無一定。其記事普通者，局部者，世界者，國民者，凡此等等，分別鑑識，則必須視主任編輯者之眼光如何爲斷。今且擇其最要點如左：

(A)　基本要則　材料之排列與組版，有一基本要則，卽培養讀者之「定讀性」(reading habit) 是也。「定讀性」云者，卽使讀者能養成日日必讀報紙習慣之謂也。此乃報紙生命之所繫，亦報紙與書本不同之關鍵，常人多有厭讀成册之書本，而不厭讀多張之報紙者；因讀書往往感受多少之痛苦，而讀報者毫無痛苦之可言也。是蓋報紙日日以一定分量與一定時間供給讀者，且能適應讀者消化之程度，故無論何人，俱有此「定讀性」也。

「定讀性」之重要旣如此，故編輯報紙時，有以下三列之注意：

(一)如何養成此「定讀性」?

(二)旣經養成之「定讀性」，如何可使之維持永久?

(三)維持旣經養成之「定讀性」，同時再向新方面次第造成「定讀性」?

至於材料排列及方法，各國報紙，互有差別。英國式第一面爲廣告，儼成報紙之表皮，美國式第一面爲記事之重心；然詳細考之，英美兩式，皆有得失。廣告揭載於第一面，旣得廣告者之歡心，而報紙之表面，縱令雨濡泥塗，本文則常能保持其清晰，甚有利於讀者。反之，重要記事集中於第一面，則如當門設肆，易觸人目，大可促進讀者購買之決心。又英國式於論說面（leader page）中央，恆插入有興味之特殊文字，而美國報紙，因讀者多輕視論說，故向不注重，近則亦漸講裝飾之方法矣。要之，無論取法英式，取法美式，所有一切應載之材料及揭載場所，務宜應用藝術上之原理，及人類普通之心理，立一定之形式，守一定之方法，使長期之讀者，欲讀某面某欄某種記事，就可一翻卽得，無須檢尋也。

（B）紙面之經濟　紙面經濟云者，卽因欄數及行數之多寡，活字之大小，而冀於有限之篇幅中，收容多量材料之謂也。試取日本報紙與我國報紙相比較之，但見我國報紙，滿幅空白，此卽不知紙面經濟原理之表現。今姑以東京朝日新聞與上海之時事新報作例證之：朝日新聞每欄八十一行，每行十五字，每面（卽一版）十二欄，共計一萬四千五百八十字。時事報每欄六十二行，每行二十二字，每面六版，共計八千一百八十四字。縱謂朝日新聞所用之活字，比時事新報小，而相差字數，却不能說不巨，換言之，八面（卽兩張）之日本報紙所收材料，竟可超出十二面之我國報紙，我國報紙之濫費紙張，豈不可驚！總之，紙面經濟之重要，已成各國報界過去之事實，而在我國報界，尙爲目前之一個重要問題，不僅職司編輯者所應急以研究者也。

由紙面之經濟，就可連想到讀者購買力之經濟矣。蓋報社每因紙價飛騰，墊本太大，於是不得不出於加價之一途。在報社一方面言之，固未可厚非；然於營業方面論之，總不免要受若何之影響。是則紙面經濟之問題，又遷延至讀者購買力經濟之問題；再進言之，卽爲報社自身之營業問題。故紙面之經濟，驟視之，幾若非常微細，毫無討論之價値，不知其影響所及，有若是其大也。

4. 結語

編輯部之組織應用及實務，旣如上說，由此可見其職務之繁重，有非他事所可相與比擬。卽以工作之時間而論，大多不在日間，而在晚上，甚至更深夜闌，尙在工作，常人早已聲鼾入睡矣。故報社對於人才之選擇，除必具之文才外，又當身體康健，能耐勞苦，近則多有倡社內記者與外交記者間時對調之說。（邵飄萍君主張之最烈者）是則身體之康健，又爲必要矣。我國之記者，每多圄居斗室，專事整理，社外記者投來之稿，於採訪常情，毫無所知，無怪偶遇較爲繁複之事，欲其明確之紀載，不可得矣。

記者任事之難既知如此，故對於錄用人才之徑路，亦較難於他事。茲將各社之普通者，列之於下，卽作本章之結語焉。

(A) 知己之介紹　知己之介紹中，以學校教授爲最有價値，因介紹者，能知志望者之人格，性質，經濟，才能，指摘其長處與短處故也。政治官吏之介紹，則無甚信用。又因教授之介紹，而被採用之人，事實最多，故有志於新聞記者之人，宜預將希望告知教授，遇有機會時，請爲留意。若朋友中有與新聞社幹部相認識者，則求一介紹書往述希望入社之意亦可。若該時適値社中缺少人員，而志望者之資格已備，必可爲練習記者，暫行試用。若其時無須添人，亦可暫留履歷書，聽候採用。但有時介紹書太多，採用之機會極少，故介紹者爲有力之人，而介紹書極爲懇切者，方可佔優勝也。

(B) 先進之推薦　求知己於新聞記者之中，與之相交，得其推薦，爲社中所採用，乃就職之最捷徑。假令社外之人，有請採用者，得社員之保證，亦可排去如(A)項之競爭。由此點言之，欲爲編輯記者之人，須有社交的性格也。

(C)　試驗採用　募集新聞記者之志願者，試驗後而採用之，此實各社最常用之法也。但各方面介紹之志願者人數過多，選擇之時，恐有感情作用，又有才能富足，而無一有力者之介紹者，往往向隅，若一發表招請廣告，隨時可得數十百人之志願者。惟各社之試驗方法，各有不同，今舉數年前，東京日日新聞採用記者一人所用之試驗之方法，可推其徵妙之一斑。其法先從應募者之履歷書，一百二十份中經試驗委員之手，選出八十份，分配於一星期之內，並發出通告，囑其來社應試，凡較指定時間遲到十五分鐘之人，皆拒絕面會；而面會之人，其印像之良否，當以試驗委員之直感判之；再觀其履歷書而質問一切，注意其回答之態度，言語，聲調諸點；次則限時使改正通信文一篇，是爲試驗文章之速力，與對於事件之理解力而設；再後使其草一由家至社之印象記，是爲試驗其文章之伎倆與觀察力。最近又有試驗之方法：乃先令應募者各出履歷書一紙及文章一篇，選拔候補者數十人，使來社與部長相見，所採用數人，尙須於一定期間內，實地練習，期滿後，成績之優秀者，始得爲社員，是爲近於理想之採用方法。要之，受試驗時之寫履歷書，宜格外注意，因最初之預選，皆由履歷書定之，以其中有學歷，經驗，年齡，文字，可爲採否之標準也。

(D)　投書之自薦　投稿或通信於新聞社，則一己所具之伎倆，卽能爲社員所認識，如此而被採用者，其例甚多。蓋此法乃優於定期試驗，不啻將其文字而自薦者也。故有志爲記者者，不妨投書或通信於報社中，藉此可與報社有相當之接近。若以投書或通信爲能惹起興味之事，此則必爲各報社所歡迎。又有種種報社，設有投書欄或通信欄，苟常行投書，亦可遇採用之機會。

(E)　直接之申請　並非介紹，求見社長或幹部，自述欲爲記者之願望，而蒙採用者，其例亦多。然非有相當之地位，名譽，經驗者，難望此法之奏效。其實若有十分自信之人，因投書或試驗諸法，須受運命之支配，不屑爲之者，則仍不妨試用直接請求之法。蓋社長若爲一有知人之明之才能者，定可蒙其採用也。因爲與其信用他人之介紹，或試驗委員之鑑識，孰若直接由社長之自幹，而自信其觀察力之爲愈也。反之求用者亦可不賴他人之力與僥倖，只求自己力量之被認而已。

(F) 社內之養成 由此徑路而被採用之人，入社後固須養成記者之資格；然普通尚有一種根本的養成法，卽將雇用之童子，及校對員養成爲記者是也。故若有志願爲新聞記者，而年齡尚未滿十六七歲，能願充大新聞社之役童者，亦爲記者之捷徑。

(G) 招聘 學校卒業，成績極佳之人，因其手腕，或著作物爲社會所認識之人，與特別方面有才能之人，常受新聞社之招聘。此與一般之新聞記者不同，常較受特別優待者也。

以上所論，不過錄其大概，不可謂爲一定如此。總之，記者爲社會之耳目，故任務之選擇，不得不取嚴格的態度，以示重要。

第八章　結論

我述是書既竟，適値美國米梭里大學新聞學系教授，兼萬國報界大會會長威廉士 (Dr. Walter Williams) 來華，演講於北京大學，經胡適之君口譯，更有陳小蘭君之筆記，新聞學之要旨，於此數千字中，概括盡矣，故錄之以作本書之結論。

『今天我到貴大學裏來演講，蒙諸君歡迎，覺非常榮幸！但是我的聲音，不大響亮，並不是我不願意把聲浪提高，實在因爲是多吃了些北京的灰塵，把嗓子塞住了，所以不能提高，請諸位原諒！

學問這一件東西，是沒有國界的，比方我今天所講的話，諸君之中，有些明瞭的，有些雖然不能直接了解，但是間接的翻譯方面，可以知道的。我今天雖是在北京大學演講，然而要是我們米梭里大學的學生知道的時候，一定是很歡迎的：一方面歡迎他們在中國有了同志；一方面感謝胡先生的功勞，他介紹我的意思，使他們得着同志的人。

今天我要向諸君講的是：「世界的新聞學。」這個問題，便是我在米梭里大學所昕夕研究的。米梭里大學是美國的一個省立的大學，在這個學校裏面，中國學生也很多，並且有些畢業回來的，他們現在中國各處新聞界，都得着一部分勢力，予中國新聞界以很大的貢獻。

中國是印刷術最先發明的國家，世界上若沒有印刷術，新聞學絕不能產出。所以我現在中國談新聞事業，好比是小女兒向他的母親報告他的經驗一般，是件很有趣的事情。◎世界的報紙，現在有六萬多種了，其中有些是進步很快，程度很高的，也有些進步很慢，程度差池的，這也是不可免的事實。比如農夫播種，有些成長了，結實了，有些就沒發芽，或者枯萎了。

世界的報紙，雖然如此的多，但就他們的內容，可以大別有三類：第一種是專門供給新聞，傳播消息，報告每日或每月發生的社會上各種事實的；第二種是提出意見，解釋或批評各種事實的；第三種是討論學術，如文學，哲學，各種專門科學等等雜誌，既不傳播消息，又不批評事理，專門研究各種科學的發見，報告科學界的消息的。雖然現在各種報紙，不盡完全偏於一方面，往往對於此三種性質，都沾染一點，但仍然可以看出他的主要方面，仍可分三種的區別。

此外還可以依他的性質形式，和他的來源，按國家的觀念去分別，可以分四種：第一是英國式的，這一派注重意見，批評，論說和一切政治的活動，都是他們所取的材料。第二是法國式的，這一派注重在新聞的方法，怎麼去傳播，怎樣去發表，怎樣引起讀者的同情和助長讀者的興趣。總而言之，他們完全注重方法和體裁，不大注重事實。第三是德國式的，這一派在歐戰以前，他所取的態度是注重哲學，討論學術，發表意見，思想和理論，不注重新聞和社會以及批評。歐戰以後，他的態度和趨向還沒有觀察明白，不敢遽加判斷。第四便是美國式的，這一派的情形，我比較的最熟悉他注重新聞和消息的傳播，務求靈敏迅速。至於報告的方法，務求使人注意；并且引起人們的興趣，對於人人注目的問題，多加詳細的討論；世界各方面的事實和消息，都廣搜博採；不單如此，文學科學各方面運動，遊戲如賽馬賽球等等，社會的，個人的細屑事務，都包羅着，爲的是使看的人有趣味，不專門偏重政治現象，使人費腦筋思索。

以上所說的，都是新聞的分類，我們要知道研究學問，因爲清晰起見，分類是需要的，但並不是重要的。分類的方法，千態萬殊，從這方面着眼，可以得一種分法，從那方面着眼，又可以得另外一種分法，無論怎麼分，都可以。不必爲這件不要緊的事情，把科學的重要點，反耽誤了。新聞學最重要的一點，便是使報紙有成效，怎麼樣叫報紙有成效呢？要答這個問題，最注重的有五個條件：

第一獨立　報紙是代表輿論的機關，應當取公正人的態度，不應當承某人某黨派的關注，仰某人某黨的鼻息，或受他的津貼，而拿真正的意見作植黨營私的奴隸。所以要保持獨立的精神，以純潔的「我的意見」「我的理論」去替全社會做事，主持公道，便是第一個要義。

第二辦報要大膽有勇氣　不怕外來的壓力，脅迫，誘惑，不受一切的制裁。所謂勇氣，不但物質上的勇氣；物質上的勇氣不膚撓，不目逃，是容易做到的；並且要道德上的——精神上的勇氣，無論如何，不爲外力所脅迫，引誘，而變更志向，纔能算是真有勇氣，有毅力的新聞記者。懦弱的和意志薄弱的人，決沒有新聞記者的資格。

第三新聞要真確老實　不應僞飾，或揑造，以喪失信用，自貶價值。新聞採訪的時候，要審愼；將要傳播的時候，要注意他的來源，是否正確，不正確的和影響模糊的新聞消息，決不能傳播；若勇於說謊，決不配當新聞記者。新聞記者唯一的格言，也可以說是唯一的要義，是「說老實話。」

第四新聞的記載要有興趣　因爲報紙是要人看的，倘若乾燥無味，人家豈願意看呢？不願意看，銷路就不廣，報紙便無用了。在社會上，既不足爲善也不足爲惡，可謂毫無影響了。既是如此，何必費多少精神時間和金錢，作無代價的犧牲呢？所以必須設法，引起人們的興趣，然後銷路纔廣纔可以舉足輕重，作輿論的代表了。比方我爲什麼遠渡重洋，不辭勞瘁的跑到中國來呢？就是因爲中國能引起我的興趣，使我對於中國的事物，人生，樂於研究的緣故。

第五可以總括以前四項的，便是要乾淨，純潔而且有用。所謂乾淨，是要免除卑鄙惡濁的新聞；純潔是一秉至公，不偏不黨；至於有用，便無須解說了。世界各國的報紙，其間良莠不齊，固然有些是乾淨，純潔有用的；確也有些卑鄙惡濁的，有害社會的。所以既辦報紙，必須辦乾淨的，純潔的，壽命能長久的，有益於社會的，纔算得是個新聞紙。

以上所說的是研究新聞學的人，和創辦報紙的最重要的條件。諸位中有許多有志於研究新聞的，想藉新聞爲社會服務的，都應當知道，有三種預備的工夫：便是智識，技能，人格這三種。都要有了相當的程度，然後才可以去研究新聞學，去實行新聞事業。

爲什麽要智識呢？因爲新聞是包羅萬象的，要想成一個大記者，大輿論家，必定要知道文學，哲學，論理學，法學，政治學，倫理學以及其他等等社會科學，物質科學。這些學問，雖然不是新聞學所研究的，卻是新聞家的創造者。假使不知道自然科學，便容易記載些怪誕不經的消息，不知道社會科學，決不能批評和議論；有了這些智識了，倘若不能發揮，也是枉然。所以不得不有一種技術，如演說，作文等等，必定有相當的程度，然後才可以發表意見，俾衆周知。有了智識了，又有了技術了，假使無道德，更外危險；因爲他容易顚倒黑白，和淆惑是非的，足以能爲社會大害。

所以必須道德高尚，必須有獨立的人格，才可以實行以上所說的五個條件。

諸君所處的地位，研究新聞學的機會，比較上很好：一則因爲上述三種預備的工夫，不是在專門學校或職業學校，所能培養的；是必須大學去培養高深學識去造就的。中國和世界所需要的，便是有智識，有志願，而且受過高等教育訓練出來的輿論家。諸君都在大學了，有預備的可能了。二則謂貴校的蔡校長先生，是一個道德學問兼備，而且提倡新聞學的人；這樣人做諸君的領袖，那麽諸君的機會，更加一層保障了。希望諸君努力，成就世界需要的新聞記者，而指導全社會！在英文中有一句詩，許多人都愛引用他；他的意思是「一枝筆比一把刀强得多。」這句話是不錯的，但是引的人，把他斷章取義，以致意思不充分了。現在我把他原來的上半句也引來補足了這個意義：「偉大人格的人手中的一枝筆，比刀劍强得多。」諸君要知道這個意義去努力，你們中國的刀和世界上的刀，都要有戰敗的一日。

我敢說世界上沒有一國像美國歡迎中國學生的，沒有一國的學生像美國學生能有胞與的觀念，竭力歡迎中國的同學的。他們國家和學生，都願意中國學生去同他們互相切磋，互相扶助，去預備相當的學問和生活。這句話我希望諸君將來能證明！由在座諸位的擔保，我敢代表米棱里大學的學生，歡迎諸君！盼望諸君在這個大學——北京大學裏面能成就最高尙最良好的新聞記者！隔着重洋，互相與他們握手！現在此處我帶來了一封信，是他們給諸君的，上面寫着：「希望歡迎東方的新聞學者！」

「米棱里大學新聞學院學生等，公同竭誠歡迎東方北京大學學生諸君，故特托吾學院學長先生致吾儕之歡迎書於諸君：諸君乎！世界恐怖之歐洲戰刧，於今已矣！世界上之民族，已得回復其生機於彌留之中，民族之希望，罔不欲世界自此康健，永不復有二次大病之纏擾。但毒燄雖息，餘灰未燼，世界前途可預料乎？和平能永久保障耶？是未可必。雖然，吾親愛之諸君乎！世界將來之和平，繫諸民族之心理，民族之心理，繫乎有識者之鼓吹。新聞界之事業，轉移民族心理之事業也。公共和平之目的，將來民族之幸福，胥賴斯焉。諸友乎！盍興乎來！吾儕將共勉焉！其通力合作乎？」

附錄

本書參考用書列下：

Dresser: Outlines of the Journalism.

Sandiford: New Ideals of Journalism.

Lockyear: Lessons in Journalism.

Loeb: Introduction to Journalism.

新聞紙學　日本楚人冠著

图书在版编目（CIP）数据

新闻学大纲 / 伍超著．—北京：中国传媒大学出版社，2018.3
（中国近代新闻学名著系列丛书 / 芮必峰主编）
ISBN 978-7-5657-2291-2

Ⅰ．①新…　Ⅱ．①伍…　Ⅲ．①新闻学　Ⅳ．① G210

中国版本图书馆 CIP 数据核字（2018）第 053532 号

中国近代新闻学名著系列丛书
芮必峰　主编
新闻学大纲
XINWENXUE DAGANG

著　　者　伍　超
策划编辑　司马兰　姜颖昳
责任编辑　姜颖昳
封面设计　拓美设计
责任印制　阳金洲

出版发行　中国传媒大学出版社
社　　址　北京市朝阳区定福庄东街 1 号　　邮编：100024
电　　话　86-10-65450532 或 65450528　　传真：010-65779405
网　　址　http://www.cucp.com.cn
经　　销　全国新华书店

印　　刷　北京华联印刷有限公司
开　　本　787mm × 1092mm　1/16
印　　张　16
字　　数　130 千字
版　　次　2018 年 6 月第 1 版　2018 年 6 月第 1 次印刷

书　　号　ISBN 978-7-5657-2291-2/G · 2291　　定　　价　78.00 元